AMOR A SI MISMO

GEORGINA GRECO

AMOR A SI MISMO

(LA CLAVE DINAMICA DE LA FELICIDAD)

Editorial Libra S.A. de C.V.

ISBN: 968 - 6636 - 18 - 8

Décima Segunda edición: Agosto de 1991,

Décima Tercera Edición: Enero de 1992.

Decima Cuarta Edición: Noviembre 1992.

Decimosexta edición: Julio de 1993

Impreso en México

Printed in Mexico

INDICE

CAPITULO I

AMOR A SI MISMO: LA CLAVE DINAMICA DE LA FELICIDAD.

La felicidad es un territorio muy extenso... con una puerta de entrada sumamente estrecha. Esa puerta es la única que existe, porque en sí misma es la base de todo lo demás, porque sin ella no puede existir el resto. Nada puede construirse sobre un edificio sin cimientos, y los cimientos de la felicidad y el contento están hechos de un solo elemento: EL AMOR A UNO MISMO.

Quien no aprende a amarse a si mismo, jamás podrá amar a nadie, porque si su propio ser no es capaz de inspirarle amor, menos lo conseguirán los demás.

La persona que no se ama a sí misma, eventualmente se destruye, física, moralmente o de ambas maneras, pero no sin antes destruir mucho de lo que la rodea. Y para ello, hay muchos métodos: la gente se destruye descuidando su salud, su vida, sus relaciones con los demás, sus perspectivas de éxito.

Para auto-destruirse, no es necesario llegar al suicidio. Todos hemos conocido personas auto-destruidas, que se han convertido a sí mismas en víctimas, en mártires sin remedio; y a otras, que se han entregado al alcohol, a las drogas, al despilfarro. Muchas de estas personas, por falta de amor a sí mismas, no toleran que nadie las ame y destruyen todo el amor que les rodea con las fallas de su propia conducta.

De entre las víctimas, todos hemos conocido a la esposa-mártir, que se convierte en una plaga quejándose constantemente de los malos tratos del marido. Las primeras veces en que nos habla de su desdichada existencia y de lo malvado que es fulanito, nos apretamos las manos con la desdichada mujer, sufrimos con ella, y casi nos convertimos en los enemigos acérrimos de su verdugo. Conforme pasa el tiempo, comenzamos a pensar en ofrecerle una opinión, algún consejo con el cual pueda mejorarse la situación. Se lo comunicamos... y nos responde con un encogerse de hombros que significa: "¿Y para qué? Ese es mi destino... sufrir con fulanito".

Percibiendo quizás nuestra expresión de asombro, se marcha con sus cuitas a otra parte. Cuando regresa a confiarnos de nuevo que fulanito le propinó una paliza de antología, que no le ha dado el gasto, que si le pone los cuernos y que si ya no puede más... llega el momento en que nos resulta aborrecible... pero ya no es "fulanito" el aborrecible, sino ella. Ella que moquea, llora y babea año tras año sin ponerle remedio a la situación.

Más aún: llega el momento en que, sin atrevernos a decírselo a la cuitaba (y a veces diciéndoselo con gala de un sadismo provocado por el fastidio) pensamos que "fulanito" no sólo tiene razón, sino que debiera patearla más fuerte... ¡por idiota y por engorrosa! Y pensamos que si lo tolera sin hacer otra cosa que berrear como Jeremías ante el Muro de las Lamentaciones, ES PROBABLE QUE LO DISFRUTE, que sea una loca masoquista de esas que piensan que, cuando el marido deja de golpearlas, ya no las quiere.

Y el problema básico de LA VICTIMA es uno solo: No es la crueldad de "Fulanito" ni "su negra suerte"; ES LA FALTA DE AMOR A SI MISMA. Si ella se amara a si misma, se respetaría, ya que el respeto es hijo carnal del amor, y no permitiría que NADIE maltratase a la persona que más quiere en el mundo.

El razonamiento es sencillo y se basa en algo tan elemental como es el instinto de conservación, lo que nos une a la vida y nos permite conservarla defendiéndola en los momentos de peligro y cuidándola todos los días, respirando, comiendo y volviendo los ojos a derecha e izquierda antes de cruzar un eje vial.

Nadie podría rebatir o contrariar las tesis de que la felicidad está basada en el amor que nos tenemos a nosotros mismos si se hiciera la siguiente reflexión: YO SOY LO UNICO VERDADERO Y PERDURABLE QUE POSEO. Sólo yo estaré conmigo hasta la muerte y más allá de ella. Sólo de mi propia compañía y auxilio tengo la certeza absoluta.

Podré librarme de cualquier compañía irritante, de cualquier influencia molesta... PERO JAMAS DE MI MISMO. Y si no me amara a mi mismo... ¡qué espantoso castigo estar por el resto de mi vida, de noche y de día, a todas horas, con alguien que no amo. con alguien que, en ciertos casos, puede hasta parecerme aborrecible o digno de desprecio.

Hay muchas personas que, al no haber aprendido a quererse, no sólo no disfrutan de un rato de soledad, sino que la pura perspectiva de ella las aterra. Entonces, echan a mano de mil recursos: hablar por teléfono, poner la radio o salirse a platicar con la vecina.

Si todos aprendiéramos desde niños a amarnos a nosotros mismos, sucederían muchas cosas increíbles: No habría más guerras, ni auto-víctimas de cónyuges sádicos (con lo cual, desaparecería hasta el absurdo movimiento feminista... por inútil) y una enorme cantidad de psiquiatras tendrían que dedicarse al comercio, a la actuación o a cualquier otro tipo de actividad ya que sus consultorios quedarían desiertos y sus divanes acabarían tapizados por las telarañas.

El amor a si mismo no es la doctrina del egoísmo: También es la doctrina de amor al prójimo. La mejor prueba de ello es que entre los primeros mandamientos de la Ley de Dios, se encuentra el que dice:

"Amarás a tu prójimo COMO A TI MISMO"

¿Acaso alguien puede amar a su prójimo si no antes se ama a sí mismo?

No, eso no es posible. Si nos tomamos la molestia de observar a personas que tenemos catalogadas como malvadas o amargas, poco a poco nos daremos cuenta de que toda su maldad, su egoísmo o su amargura, brota de que se aborrecen a sí mismas.

Todos hemos tenido oportunidad de conocer por lo menos a una madre de familia que, siendo la "víctima" constante del marido abusivo, desfoga su rabia en los hijos castigándolos con dureza innecesaria. Y ese no es el mayor de los problemas. Es todavía peor cuando ese tipo de "víctimas" (que invariablemente y por la ley natural de compensación busca otras víctimas inocentes de su propia torpeza) castiga a los hijos moralmente:

Ese tipo de "castigo" que ella inflinge a los pequeños por su propio sufrimiento, es el más cobarde y el más enfermo que existe: Entristece la vida de los niños con sus quejas y sus lágrimas constantes.

Tan pronto como el marido se marcha, ella se desborda en lágrimas y quejas sobre " ¡Ah, cuánto me hace sufrir su padre!", y si no lo dice, lo hace entender de mil maneras diferentes. Jamás tiene una sonrisa para los pequeños, como no sea la "sonrisa" tipo mártir que se traduce en "Miren que sacrificada soy, pero cuán valerosa: sonrío a través de mis lágrimas".

Su casa jamás es aquella donde se escucha una canción, ni florecen ahí las sonrisas y los juegos. Los niños se sienten aliviados de marcharse a la escuela y es raro el día en que su sueño no se ve interrumpido por los gritos desaforados del "monstruo de crueldad" o los gemidos de la "víctima".

Desde luego, eso tiene consecuencias graves que se reflejan invariablemente en el futuro de los pequeños. Esas consecuencias son múltiples, gravísimas:

1) El niño resiente la crueldad del padre y llega a odiarlo. Le teme, le tiene miedo, y su natural instinto masculino que lo impulsa a defender a su madre como a la parte más débil,

se ve frustrado. Físicamente, es incapaz de protegerla. Moralmente, también agoniza de terror: Si la madre, a quien el pequeño ve por naturaleza como a un ser poderoso e importante, es apabullada y martirizada por el "monstruo marido", ¿qué posibilidades de éxito tendría el pequeño en caso de que se decidiera a enfrentársele?

2) Si se trata de una niña, esta sufrirá intensamente por el "dolor" de su madre, se sentirá, al igual que su hermano, impotente para remediarlo y, lo que es peor: aprenderá su conducta de martirio enfermizo. El día de mañana, habiendo "aprendido" de su madre (porque la conducta se aprende) que el hombre es un monstruo temible y que la mujer es una "víctima", ella misma se convertirá en "víctima" de otro sádico similar, ya que inconscientemente buscará en el hombre de su vida las características de su padre, imitando en forma inconsciente la conducta de su mamá, de la figura femenina que moldeó su personalidad de niña. En algunos casos, la pequeña crecerá odiando y temiendo a los hombres.

3) El niño, para quien el peligro de este mal ejemplo es tan grave como para la niña, optará por cualquiera de dos posiciones cuando sea un hombre, como su padre:

a) Temerá tanto al sexo opuesto que se inclinará por el homosexualismo, prefiriendo someter su vida al "monstruo" a cambio de que "lo proteja" o lo "favorezca", buscando mejor tenerlo de aliado que de enemigo, o bien, lo que es más común:

b) Se convertirá en otro"monstruo" igual a su padre, si logra encontrar, para hacerla su pareja, a otra enferma emocional como lo fuè su madre.

Y aunque nada de lo anterior sucediera, será bastante daño en sí el haber llenado la infancia de los hijos de miedo y amargura dejándolos crecer en un hogar donde impera el dolor y el miedo... ¡Qué triste herencia para un hijo o para una hija!

Todo esto brota de la falta de AMOR A SI MISMA que con mucha frecuencia se observa en la mujer. Si se quisiera y se respetara a sí misma, desde el primer intento frenaría la falta de respeto o la agresión del compañero y si éste es un hombre sano y cuerdo, la respetaría por ello.

Porque la verdad es que gran parte de la agresión conyugal masculina, brota del hecho de que la mujer no supo darse a respetar a tiempo AMANDOSE A SI MISMA. Si no se respeta a si misma, ¿POR QUE VA A RESPETARLA EL MARIDO? Y, como se ve con frecuencia en los hijos de este tipo de matrimonio, cuando pasa el tiempo los hijos también la abandonan. ¿POR QUE VAN A RESPETARLA Y A AMARLA LOS HIJOS SI ELLA NUNCA LES ENSEÑO A HACERLO *CON EL EJEMPLO* y permitió que delante de ellos se le intimidara y se le faltara al respeto en todos los aspectos?

La intención no es, de ninguna manera, recomendarle a la señora que espere al marido con el rodillo para darle en la cabeza tan pronto como abra la puerta. Se trata, simplemente, de establecer que desde el principio, la relación mutua debe ser cordial, amorosa, llena de respeto y que ambos tienen derechos iguales y obligaciones un poco diferentes.

Sostenemos que es la mujer quien permite que el marido le pierda el respeto. Y lo mismo pasa en cualquier otro tipo de relación entre dos o más personas. Cuando entre ellas hay una persona que NO SE AMA A SI MISMA, INVARIABLEMEN-

TE ENCONTRAREMOS UNA VICTIMA. Y será esa persona, esa que, no amándose a sí misma, no supo enseñar a los otros a que la quisieran.

Quizás no sea lógico, pero sí es natural: Si conocemos a alguien que no se ama a si misma y que, por lo tanto, no se respeta, instintivamente pensamos que debe tener buena razón para ese auto-desprecio, y casi de inmediato, procedemos a despreciarla y, a menudo, a agredirla.

De verdad: la fórmula no sólo es sencillísima y eficaz: es de lo más agradable que existe. ¿Alguna vez se ha puesto usted a pensar en la maravilla extraordinaria que representa su cuerpo? El ejercicio de pensarlo dá resultados excelentes para aumentar el amor a nosotros mismos, para fomentarlo, para desarrollarlo. Se trata de ejercicios sencillísimos:

1) Mire su piel, toque una de sus manos. ¿No es fantástica? Está diseñada para lo QUE USTED QUIERA HACER DE ELLA: Puede ser la mano de un cirujano que salve miles de vidas, la de un músico o, si usted así lo decidiera, la de un verdugo. Está llena de poros diminutos que le permiten respirar, deshacerse de impurezas, y dar paso al sudor refrescante. Esa mano le da de comer, le permite arreglarse, bañarse, conducir un automóvil, pintar una obra de arte, acariciar a un niño o a un cachorrito, darle una palmada en la espalda a un amigo atribulado o feliz, y mil cosas más.

Regálese unos minutos y piense en esas mil cosas más para las que sirve o puede servir esa mano maravillosa bajo cuya piel hay un mecanismo delicado, mágico, de tendones, articulaciones, venas, músculos y nervios. ¿No es admirable, y por lo tanto digna de ser amada?

2) Y sus ojos: ¿Cuántas cosas extraordinarias puede hacer y disfrutar gracias al privilegio de la vista? Piense en ello. Le permiten ver los campos, el mar, la carita de los niños, los pájaros, leer grandes obras o pequeñas novelas fantásticas si asi lo prefiere. Le ayudan a gozar de la vida y a ganarse el sustento. Piense en sus ojos, en cómo transmiten a su cerebro toda la información visual.

¿No es verdad que sus ojos son lo más extraordinario del mundo? ¿No son dignos de ser amados? Nadie es tan inconsciente como para no amar un don tan enorme. Y no es el único que tenemos, ni el más importante.

3) Piense en su organismo: Es un laboratorio como jamás podrá reproducirlo la ciencia: produce sus propias substancias, sus hormonas, sus disolventes. Procesa los alimentos; Y tiene un sistema de defensa con más guerreros que el ejército más grande del mundo. Los diminutos soldados de ese maravilloso organismo suyo, persiguen a los enemigos que se introducen en su territorio y luchan valerosamente contra ellos.

No es mala idea, para comprender y amarnos más a nosotros mismos, leer cualquier texto accesible de fisiología o de medicina popular. Las maravillas de su cuerpo son inagotables. Los científicos aún no las entienden por completo.

4) ¿Y qué me dice del resto de su cuerpo? ¿Alguna vez ha pensado en la magia de poder dar vida? Ese cuerpo suyo es capaz de reproducirse en una criatura del amor, en un pequeño o una pequeña que comparte las características de usted y las de la persona amada? Acaso aunque sólo fuera por eso, ¿NO MERECE QUE SE AME A SI MISMO?

Piense en todo su cuerpo, en los miles de dones que ha recibido de la vida, y no podrá dejar de AMARSE A SI MISMO.

Y ese amor a sí mismo, representa la base para amar a los demás y para disfrutar plenamente de las pequeñas y grandes cosas que nos ofrece el simple hecho de estar vivos. Ese amor a sí mismo nos dará la única felicidad verdadera, nos consolará de la pérdida de bienes materiales impulsándonos a pensar que, por importantes que hayan sido, conservamos lo más grande: nuestra propia vida y nuestro amor por nosotros mismos. . .

AMOR A LOS DEMAS. LA FORMULA DEL EXITO Y DEL BIENESTAR

CAPITULO II

AMOR A LOS DEMAS

LA FORMULA DEL EXITO Y DEL BIENESTAR

Cuando nos amamos a nosotros mismos, amar a los demás, aunque a veces parezca imposible en ciertos casos, es lo más sencillo de lograr y lo más agradable del mundo.

Una persona amargada, llena de hostilidad o de tristeza, la derrama a su alrededor y tiñe los conceptos que tiene de los que la rodean con la misma tristeza o amargura que siente en su interior.

En cambio, si realmente se ama a sí misma, ama a los demás porque reconoce en ellos virtudes extraordinarias... en todos, hasta en los que aparentemente son más despreciables.

Hay una parábola muy hermosa según la cual, Cristo va entrando a Jerusalén seguido por sus discípulos. De pronto, uno de sus discípulos hace una mueca de asco y desvía el paso unos metros.

— ¡Cuidado, Maestro! No vayas a tropezar con el cadáver asqueroso y podrido de ese perro.

Otro de los discípulos, se cubre la nariz con la punta de la túnica:

— ¡Qué asco! ¡Hasta las pulgas huyen del cadáver!

— ¡Qué piel tan sucia! -dice otro.

— ¡Cuidado, que tenía roña! -comenta el discípulo hipocondriaco (que nunca falta alguno en cualquier grupo)

Pero Cristo no hace caso de sus aspavientos y se acerca al cuerpo del desdichado perro. Lo observa unos instantes y pone su mano bella, translúcida, sobre la cabeza del animal:

— ¡Qué hermosa y blanca dentadura! -exclama.

La lección es sencilla y estamos seguros de que más de un discípulo debe haber seguido adelante con el rabo entre las piernas: Hasta en el ser más desdichado, en el más feo, la bondad y el amor pueden encontrar algo muy hermoso.

Todos conocemos a gente que nos parece aborrecible... y procuramos tener el menor trato posible con ella. Pero hay casos en los que no queda otro remedio que tener relación con esa gente "odiosa" y a consecuencia de ello, sufrimos múltiples daños emocionales y hasta físicos: Una hora, y a veces un día antes de tener que enfrentarnos a dicha persona, comenzamos a sentir una irritación intensa que crece conforme se aproxima el "momento desagradable". Las úlceras se alborotan (si las tenemos, y si no, damos un buen paso para fabricarlas), el humor se agria y aumenta la producción de adrenalina, sube la presión arterial, se frunce inconscientemente el ceño y los "tics" que *todos* tenemos organizan una fiesta. (Quizás usted no se haya dado cuenta de su o sus tics. Obsérvese cuando se sienta tenso y los descubrirá. Es un hecho que no hay una persona de más de diez años de edad que no tenga un tic: jalarse el bigote, frotarse el lóbulo de una oreja, arriscar la nariz, mover nerviosamente un pie, clavarse las uñas en la palma de la mano, etc.)

Es bueno hacerse una consideración: si de todas maneras hemos de tratar a esa persona, ¿por qué no tomarlo como un reto y tratar de encontrar sus cualidades? No, ¿qué es eso de que no tiene ninguna? ¡Le garantizo que las tiene! Es algo así como los diamantes, que jamás se encuentran a flor de tierra: Son valiosísimos, pero hay que esforzarse mucho para encontrarlos y traerlos a la superficie. Ese tipo de personas "odiosas" son lo mismo. Sus virtudes no están a la vista, pero la herramienta para extraerlas está en nuestra mano... si tomamos la decisión de usarla: se llama AMOR.

Amor puede ser oír tonterías y prestarles atención, ver una expresión ácida y cambiarla con una sonrisa. Amor también es buscar el rasgo bonito de aquella cara hostil y mencionarlo: Bellos ojos, pestañas negras y rizadas. Buscar las virtudes subjetivas y referirse a ellas: Eficiencia, profesionalismo, habilidad, rapidez...

Esa herramienta es mágica. Por favor, no se confunda con el halago o la zalamería. El halago, utilizado sin medida por la gente servil, es más reprobable que un recordatorio familiar, porque en el fondo es una burla disfrazada, una prostitución emocional que sirve de medio para obtener algo a cambio --

que rebaja a quien lo da y al que lo recibe.

A diferencia del halago, la búsqueda y reconocimiento de las virtudes de la persona "odiosa", es un movimiento humano y honesto de amor, de relación, de sencillez de alma... justamente así llamo a este movimiento: El Puente entre las Almas.

Este Puente entre las Almas permite que aquella persona "odiosa" se dé cuenta de que somos especiales porque, a diferencia de la mayoría, hemos descubierto en ella una virtud REAL que casi nadie ve. Eso le abrirá los ojos, y aunque cueste un poco de esfuerzo y de perseverancia, ese Puente entre las Almas, no tardará en parecerse a una calle de dos sentidos: Nuestra simpatía irá en dirección a esa persona, y más pronto de lo que se imagina, la simpatía de esa persona irá viajando de regreso hacia usted.

No puede pedírsele a nadie que crea a ciegas, a primera vista, en algo que al parecer es tan difícil y para lo que ofrecemos una técnica tan simple. Lo único que le pido es que haga la prueba... siquiera una vez.

Elija para su prueba a la persona más antipática de su oficina, o a la empleada más hostil que conozca en el supermercado cercano a su casa. Cuando se acerque a esa persona, después de haber estudiado de lejos y discretamente sus posibles virtudes o rasgos positivos, procure ponerse mentalmente en su lugar por un instante y comente con ella lo que sentiría si estuviera en su lugar: ¿No se siente agotada con la enorme cantidad de trabajo que ha tenido todo el día? ¿No es complicadísimo ese puesto suyo en el que trata con tantas personas, o tiene tal responsabilidad, o maneja el dinero de la compañía?

Sonría y olvide que está con "la persona odiosa". El resultado se lo garantizo: ¡Maravilloso y más rápido de lo que usted se imagina!

Hágalo, conviértalo en un desafío, ponga a prueba la magia del amor a los demás y habrá dos personas felices: Usted y la "odiosita". Pero le aseguro que la más feliz de las dos será usted. Por favor, me muero por ver cómo le impresionan los resultados de ese Puente entre las Almas: Haga la prueba hoy mismo, a más tardar mañana.

EL RESPETO POR LAS OPINIONES AJENAS
(NO VINE AL MUNDO A ENDEREZAR TARUGOS)

CAPITULO III

EL RESPETO POR LAS OPINIONES AJENAS

(Si lo prefieren, eso es sinónimo de NO VINE AL MUNDO PARA ENDEREZAR TARUGOS o de PREFIERO CONSERVAR LAS MUELAS QUE ME QUEDAN)

Ninguna fórmula mejor para acabar con una antigua o reciente amistad que discutir apasionadamente sobre puntos contrarios de política, religión situaciones sociales y hasta medicina.

Durante diez años, llevé una amistad estrecha y cordial con una inteligente y agradable vecina. Una tarde, tomando juntas una taza de café en la cocina de mi casa mientras sus hijos y los míos jugaban tranquilamente en el jardín, alguna de nosotras mencionó casualmente una noticia del día sobre el castrismo.

Fui yo quien tuvo el mal tino de personalizar el asunto. En vez de comentar tranquilamente la noticia, hice de inmediato una observación poco agradable sobre Fidel.

Aquello fue el principio del fin: Mi amiga respondió en forma un poco agria. Procedí de inmediato a tomar la defensiva alegando que en Cuba había campos de concentración. El diálogo fue más o menos así:

— ¿Tu los has visto?

— Pues no, realmente no. Pero tu tampoco has visto la Plaza de San Marcos y sabes que existe...

— Pues si los hubiera, habrá razones para ello. Y ahora que lo mencionas, también debería haberlos en nuestra patria.

— ¿Ah, si? ¿Y para quien?

— ¡Para el montón de zánganos que no trabajan!

— No digo que sea correcto no trabajar. Necesitamos del trabajo de todos, pero la libertad es vital.

— ¿También te refieres a la libertad para robar y estafar que disfrutaron algunos políticos?

— No. Me refiero a la libertad del hombre en si, a la libre empresa, a la falicidad para residir donde te venga en gana, a. . .

— Fidel le ha dado a su pueblo la libertad de comer tres veces diarias... cosa que antes no sucedía y...

— Y si aquello es un paraíso, ¿por qué huyen tantos cubanos? ¿Por qué hay tantos ex-castristas?

– ¡Donde quiera hay traidores y flojos!

– ¿Te gustaría que te obligaran a trabajar cortando caña?

– Tal vez no fuera tan mala idea... sobre todo para ciertas personas que creen que trabajar se reduce a sentarse delante de una máquina de escribir.

– ¿Te refieres a mí?

– Tómalo como quieras. Me parece que tu oficio de escritora, a juzgar por tus ideas sobre el castrismo, no te ha permitido ampliar gran cosa tu horizonte mental.

Mi respuesta no fue muy cordial. En ese momento, marcada por la cólera, me olvidé del amor a los demás, se me cayó el Puente entre las Almas y se acabó la amistad.

Si hubiera tenido la prudencia de reconocer que el tema que se estaba tratando era parte de la conformación mental de mi amiga, si me hubiera dado cuenta de que la defensa del castrismo era parte inherente de sus casilleros intelectuales, no habría sucedido nada porque me hubiese limitado a escucharla. Definitivamente, no habría cambiado mi propio punto de vista; pero el alegato tampoco cambió el de ella y sólo dió al traste con la relación.

Cuando discutimos algo, es importante observar con cuidado tanto a la otra persona como a nosotros mismos. Si el punto a discusión es vital para ella o para nosotros, más vale no tratar de convertirnos en catequistas y no buscar el proselitismo. Cuando una teoría o un punto de vista está muy arraigado en una persona, todo lo que se haga al respecto es prácticamente inútil y definitivamente nefasto para la relación.

¿Alguna vez ha logrado usted convencer a un capitalista de hueso colorado de las bondades del leninismo o del marxismo?

¿O a un marxista de las maravillas del capitalismo, de la derecha o de la libre empresa?

Dentro del respeto que nos merecen los demás, se encuentra también el respeto a sus puntos de vista. Es importante amar a la otra persona como en paquete... incluyendo sus ideas, sus teorías y hasta lo que nos parezca absurdo de ella. Eso no significa que vayamos a participar en sus acciones al respecto ni que, como en el caso de mi vecina, sea necesario usar blusas con un bordado de hoz y martillo para que continúe la buena relación.

En todas las oficinas, en todos los niveles sociales, hemos conocido gente que, por ejemplo, aborrece a los médicos y adora la homeopatía. Lo más absurdo del mundo es tratar de convencer a esas personas de que, desde nuestro punto de vista, la homeopatía es una tomada de pelo... o viceversa. Todo lo que se logra es irritarlas y dejarlas pensando que somos unos pobres idiotas... poco importa que nosotros pensemos lo mismo de ellos. Ese concepto de "tu eres idiota" y "tu también", no hace sino destruir la relación.

El mismo caso se presenta en muchos puntos de vista, básicamente en religión y política. Pero si en vez de andar enderezando "tarugos" permitimos que se tienda el Puente entre las Almas y que la otra persona exprese libremente sus puntos de vista sin rechazarla con agresiones verbales o críticas, esa persona se acercará a nosotros y eso permitirá que la ayudemos si se presenta el caso y ella lo permite, enmendando sus conceptos erróneos o, en muchas ocasiones, a la inversa, dejándonos ayudar por ella y cambiando algunos conceptos propios.

Ahora que, en el caso de la gente que consideramos rematadamente tonta... ¿qué objeto tiene invertir tiempo, esfuerzo y argumentos para convencerla? Si esa persona es tan tonta como creemos:

a) ¿Podrá convencer a alguien de sus tonterías?

b) ¿Podrá hacer algún daño con la expresión de sus teorías absurdas?

c) ¿Nos interesa realmente su amistad?

La respuesta a todo, es "No". Entonces, ¿tiene objeto que nos enredemos en una larga discusión con esa persona? ¿Es positivo que lleguemos a un callejón sin salida donde nadie convencerá a nadie y sólo brotará el resentimiento mutuo?

No nos irritemos por las opiniones contrarias. La verdad es que, analizando fríamente la situación, en nada nos lesionan. Si fulanito quiere ir al homeópata, ¿pagaré yo la consulta o sufriré los resultados? Y si perenganita permite que le extraigan la vesícula cuando "sabemos" que se curaría con yerbitas, ¿quien es la propietaria de la vesícula?

Esto, en pocas palabras, se llama vivir y dejar vivir.

TAMPOCO VINE AL MUNDO A GANAR UN CONCURSO DE POPULARIDAD (NO SE PUEDE QUEDAR BIEN CON TODOS)

CAPITULO IV

TAMPOCO VINE AL MUNDO A GANAR UN CONCURSO DE POPULARIDAD
(O, "No se puede quedar bien con todos")

Iba San José rumbo a Belén, conduciendo a la Virgen montada en una burrita. Por el camino, se cruzaron con unos pastores y la Virgen alcanzó a escuchar un comentario desagradable:

— ¿Viste que mujer tan desconsiderada? Va subida en la burra mientras el pobre viejo suda y sufre jalándola sin que ella se moleste por nada.

La Virgen, mortificada, le pidió a San José que se detuviera y le explicó lo sucedido pidiéndole que montara un rato en la burrita. Por no contrariar a su dulce esposa, San José accedió.

Más adelante, se cruzaron con una pareja de labriegos, que les dispararon la siguiente pregunta a boca de jarro.

— Oye, buen hombre, ¿no te dá verguenza ir subido en la

burra mientras que tu pobre esposa se lastima los pies con las piedras del camino?

Un poco más adelante, San José le pidió a la Virgen que subiera a la burra junto con él. Una vez hecho esto, continuaron su camino. Pero no faltó el comentario de algún miembro primitivo de la Sociedad Protectora de Animales:

— ¡Mira eso! ¿Qué gente tan cruel! Los dos trepados en la pobre burra...

San José y la Viergen desmontaron y siguieron su camino a pie, jalando a la burrita. Al atardecer, se cruzaron con unos arrieros. Uno de ellos hizo una observación irónica:

— Mire que hay que ser sonsos para ir a pie jalando a la burra en vez de montarla.

Nunca le da uno gusto a todos y podemos comprobarlo en cualquier situación. Sobre la misma ama de casa, limpia y esmerada, pueden oírse los siguientes comentarios provenientes de distintas personas:

— ¡La casa de Anita parece un museo! No acabas de usar un cenicero, cuando llega corriendo con el trapo por si tiraste una cenicita afuera.

— Anita es muy buena ama de casa. Claro, la pobre no tiene mentalidad para otra cosa.

— Anita lava, plancha y almidona todo el día. Es compulsiva. Seguramente tiene algún sentimiento de culpa y lo desfoga limpiándolo todo a todas horas.

– Anita es una excelente ama de casa. Exagera un poco, pero su casa es un modelo de limpieza.

Si Anita escuchara todos los comentarios, probablemente enfurecería o se echaría a llorar. Pero lo único que cuenta es que Anita se apruebe a si misma, no que la aprueben los demás.

Tenemos que hacernos a la idea de que, quien nos haya de querer, nos querrá como somos. Es inútil esforzarse por cambiar de manera que todo mundo nos apruebe: Eso es imposible. Siempre habrá alguien que difiera de nuestra actitud y de nuestros puntos de vista. Para una persona, podemos ser lo mejor del mundo, y para otra, el bicho más reprobable del sur de la ciudad.

No podemos invertir nuestra vida en vestirnos como quisieran los demás o en comportarnos como quisiera cada persona que conocemos. Es importante tratar de dar gusto a nuestros seres queridos, pero sólo hasta el punto en que no se lesíone nuestra personalidad.

Quien nos quiera, nos amará con nuestras virtudes y con lo que considere como nuestros defectos. Así como nosotros hemos de aprender a aceptar lo que calificamos como defectos en los otros, también los demás aprenderán a querernos con los nuestros. Si no fuera así, hay que pensar que, *hagamos lo que hagamos, nunca nos querrán realmente.*

En el caso de alguien que nos reprueba en un alto porcentaje de nuestras acciones, hay que pensar que somos personas valiosas con determinadas cualidades enormes y que esa persona que nos reprueba no sabe ver. Y hay que seguir adelante, en busca de otra persona con quien realmente concordemos, sin perder el tiempo en tratar de ajustarnos a lo inajustable. Eso es como tratar de meter un pie del número seis en una zapatilla del dos. Todo lo que lograremos es lastimarnos... y lo que es peor: Hacer el ridículo ante la persona más importante del mundo: Nosotros mismos.

Tenemos el ejemplo en cualquier oficina, grande o pequeña. Siempre hay una chica que trata de andar a la última moda sin temor a incurrir hasta en el ridículo; algunos se ríen de ella, otros la alientan con el propósito mal intencionado de que cada día se vista peor y algunas chicas comienzan a imitarla.

Si esa muchacha que sigue los caprichos de la moda al pié de la letra, que se pone calzoncillos cortos de colores chillantes con tacón alto y camiseta porque así lo vió en algún aparador o revista, lo hace por quedar bien... ¡qué grave error! Pero si lo hace porque así se siente bien, su conducta es mucho más aceptable.

Lo mejor que podemos hacer, en todos los casos y en lo referente a "quedar bien con todo mundo", es recordar la frase de Albert Einstein: "Se han lanzado muhas flechas de odio y desaprobación en mi contra: Ninguna me ha alcanzado".

Las personas exageradamente sensibles, tienen cierto complejillo de inferioridad. Cuando un amigo les dice algo que les parece ofensivo, es frecuente que ni siquiera busquen la oportunidad para hacer una aclaración: Simplemente cierran su corola como flores marchitas y cuelgan morros, hacen pucheritos ridículos y se meten en su concha.

El presunto ofensor, procura al principio recuperar la amistad de aquella persona, pero después de varios intentos, se encoge de hombros y dá la media vuelta.

Lo primero que debemos hacer para sentirnos en paz con el mundo, es ponerle una coraza invisible a nuestra sensibilidad, cuando ésta es exagerada y enfermiza. Hay que partir de la base de que las opiniones ajenas no nos hacen mella. La gente puede hablar todo lo que quiera: Que se desgañite si quiere. Nuestra esencia no es ni más ni menos valiosa a consecuencia de sus opiniones.

Nuestra valía como personas no es parecida a las acciones de la Bolsa de Valores, cuyo precio sube o baja de acuerdo con la oferta y la demanda. Nosotros tenemos un valor intrínseco e irreductible que no se altera por criterios ajenos, acertados o no. Hay que recordar siempre la frase del Quijote cuando escuchamos alguna crítica injustificada: "Oye, Sancho, cómo ladran los perros".

¿PARA QUE SE PREOCUPA TANTO?
DE TODAS MANERAS. . . NO SALDRA VIVO
DE ESTE MUNDO

CAPITULO V

EL COBARDE MUERE MIL VECES

(Eso de "el cobarde" puede substituirse por "el asustadizo", "el nervioso" "la histérica", "el hipocondriaco", etc.)

Acampaba cerca de Bagdad un valeroso jeque acompañado por su ejército y sus ministros de guerra. Una noche, vió pasar a un extraño personaje que iba montado en un caballo esquelético y le ordenó detenerse.

— ¿Quién eres y a dónde te diriges? —preguntó

— Soy La Peste y voy a Bagdad.

— ¿Te lleva ahí algún negocio pendiente?

— Si, gran jeque.

— ¿Podrías decirme cuál? Soy un hombre curioso.

La Peste rió de buena gana y le puso una mano huesuda en el hombro.

— Voy a recoger cinco mil vidas.

— ¿Es indispensable que lo hagas?

— Es el mandato.

— ¿Y si yo te lo impidiera?

La Peste volvió a reír.

— ¿Puede ser un mortal tan arrogante como para creer que es posible oponerse al destino?

— Quizás. Al menos lo intentaría.

— Me haces gracia, jeque, me haces gracia aunque no permitiría que te opongas a mi misión. Pero tu valentía me agrada, y a cambio de ella, te haré una promesa.

— Habla.

— Tienes mi palabra de que no tomaré ni una más de las cinco mil vidas que he mencionado. Casi siempre, por capricho o por holgazanería de contar,me llevo algunos cientos más de los programados. Pero ahora te prometo que sólo serán cinco mil.

— Te creo.

— ¿Tengo pues tu venia para seguir adelante?

— La tienes.

— Entonces, adiós.

En vez de seguir su camino, el jeque decidió quedarse en el campamento y esperar el regreso de La Peste. Diariamente, el jeque enviaba un jinete a Bagdad para que le llevase noticias sobre los estragos de La Peste entre la población.

Su cólera crecía por momentos. El jinete contaba a los muertos y cada vez tardaba más en volver al campamento porque eran más y más los cadáveres que contaba.

Era obvio que La Peste se había burlado de él. Ya eran más de treinta mil los muertos por La Peste. Furioso, decidió lanzarse sobre ella, aún pensando que podía perder la vida en el intento.

Estaba a punto de llevar a la práctica su decisión, cuando le anunciaron que La Peste estaba de regreso en el campamento.

Iracundo, con la espada desenvainada, el jeque salió de su tienda.

La Peste, agotada, descansaba a la sombra de una palmera. Cuando vió venir al enojado jeque, levantó la mano en ademán de paz.

— Espera. ¿Por qué quieres atacarme?

— ¡Porque me engañaste!

— No es verdad.

— ¡Me juraste que sólo te llevarías cinco mil vidas y te has llevado cuarenta mil!

— Te equivocas...

— ¡No mientas! Mis enviados han estado contando los cadáveres y son cuarenta mil!

— Yo sólo me llevé a cinco mil. El miedo mató a los demás.

Hemos visto suceder lo anterior muchas veces. ¿En cuántas ocasiones no hemos agonizado ante la posibilidad de que suceda algo que jamás se realiza?

¿Cuántas veces hemos sufrido agonías inacabables por algo que, a final de cuentas, no sucede? ¿Y a qué extremo llega el daño físico y emocional que nos imponemos a nosotros mismos ante la presencia de algo que no es sino un fantasma mental, algo que puede ser pero que también puede no ser?

Recuerdo un caso ilustrativo al respecto. Marisol y Lucía eran hermanas, tan diferentes como el día y la noche. Marisol era una joven mujer, dos años mayor que Lucía, su hermana; a diferencia de Lucía, que era sana, alegre y popular, Marisol siempre estaba enferma de algo. Su peregrinación por los consultorios de los mejores especialistas era constante.

Por su parte, Lucía nunca tenía suficiente tiempo para asistir a las fiestas a que la invitaban, para salir con sus amigos y vivir plenamente. Era la chica más saludable y sana del mundo. La rara vez que se resfriaba, no hacía mucho caso de los estornudos y seguía saliendo, bailando y jugando alegremente al tenis.

Marisol también estaba muy ocupada... pero en otro sentido. Cuando no estaba haciendo antesala en el consultorio del neumólogo, hacía cita para visitar al internista, o al dermatólogo. Ademas, el ritual de combinar las medicinas era complicadísimo. Había que programarse para tomar píldoras y comprimidos de todos colores y tamaños a horarios diferentes, para acostarse después de comer quince minutos sobre el flanco derecho, aplicarse el foco de rayos infrarojos, etc.

La cuestión de las dietas era una catástrofe que desquiciaba a toda la familia. Cuando no le "prohibía" el médico los productos lácteos, le "ordenaba" una dieta vegetariana. Desde luego, la familia no estaba dispuesta a someter su estómago a las mil dietas de Marisol, y el resultado era que se guisaban dos menúes diferentes en casa. . . Las cocineras más tolerantes aguantaban el ritmo unas cuantas semanas; otras, desfilaban a los dos o tres días.

Lucía estaba rodeada de amigas y pretendientes. Le faltaba tiempo para ir a bailes, para fiestas y risas. Marisol, por su parte, no atraía a los chicos, ya que los pocos que se acercaban a ella huían al poco tiempo horrorizados ante aquella joven-vieja que engullía píldora tras píldora y que no podía ir a una fiesta porque temía pescar una pulmonía al salir de noche, ni a una fuente de sodas o a un restaurante porque, seguramente, caería en cama con infección intestinal.

La boda de Lucía fue una fiesta de juventud y belleza. La novia era como un hermoso sueño, y tomada del brazo de su esposo inició una vida nueva teñida por la misma felicidad de siempre. Cinco años más tarde, tenía dos hermosos bebés que se convirtieron en la locura de los padres y los abuelos.

Los pleitos con la tía Marisol no se hicieron esperar. Quería llevar a sus sobrinos a Rochester porque sus "conocimientos médicos" le indicaban que algo andaba mal. Lucía y su esposo reían de sus temores y los pequeños crecieron tan sanos y felices como su madre.

Tía Marisol avanzaba hacia la vejez entre especialistas y tratamientos raros, siempre llena de miedo, siempre acompañada por sus temores y sus enfermedades imaginarias, mientras Lucía, su esposo y sus hijos, ya universitarios, seguían viviendo un mundo de felicidad y sonrisas.

El hijo menor de Lucía tenía veinticinco años cuando su madre murió a consecuencia de un raro tipo de cáncer que la llevó a la tumba en menos de seis meses.

Aunque Marisol se entristeció muchísimo, la muerte de Lucía fue algo parecido a un triunfo. A final de cuentas, ella había tenido razón. Lucía, la hermana saludable, la que jamás se preocupó por su salud, la que sólo consultó a un médico cuando ya estaba tirada en cama con fiebre alta o para tener a sus bebés, había muerto mientras que ella, estaba viva. ¿Por qué? Porque había dedicado su vida al "culto de la salud".

La verdad es que, desde el principio, la derrotada fue Marisol y la victoriosa Lucía. ¿Cuánto pudo valer en calidad la vida de Marisol siempre aplastada por el miedo, siempre sola, siempre rechazada por los demás a causa de su obsesión y sus miedos.

Lucía jamás aceptó el miedo y disfrutó de cada instante de su vida. Yo, sinceramente, elegiría vivir como Lucía en vez de agonizar toda la vida como Marisol.

Y ese es el problema con mucha gente: Vive aterrorizada por la posible pérdida de su salud, o por la perspectiva de perder a un ser querido, o su posición económica, o su prestigio, o mil cosas más. Y ese miedo no permite que la gente viva plenamente; la induce a la condena del miedo. Cuando esas personas vuelven los ojos al pasado, se dan cuenta de una de dos cosas:

1) Jamás sucedió aquello que temían tanto y perdieron su felicidad esperando la catástrofe, o:

2) Sucedió lo que tanto temían y nada pudieran hacer por impedirlo, excepto echar a perder las otras partes de su vida.

La mente es lo que nosotros deseamos que sea: Nuestro peor enemigo o la fuente de nuestra serenidad. Si damos rienda suelta a los temores, nuestra mente se convertirá en un espantoso enemigo del que no podemos librarnos a ninguna hora del día o de la noche.

En cambio, si frenamos nuestros temores y educamos nuestra mente con pensamientos positivos, ella será nuestra mejor amiga. Hay que tener mucho cuidado con ella, ya que la verdad es que nuestra mente rige nuestra vida. Es necesario mimarla y cuidarla como si fuera un niño pequeño: librarla de malos pensamientos y sembrarla de cosas bonitas. Hay que alimentarla con cosas bellas: los árboles, los pájaros, el ruido de las olas, la voz de los niños, el sonido de la música, el calor del sol.

Hasta en los lugares que aparentemente son más desagradables, podemos encontrar algo bello que regalarle a nuestra mente: ella nos lo devolverá con creces. En un embotellamiento, cuando nos agobia el calor, la prisa, y nos sentimos amenazados por la desesperación de estar atrapados en un bloque de acero y plástico formado por los demás automóviles, podemos volver la cara al cielo y buscarle forma a las nubes, mirar a los automóviles vecinos y provocar una sonrisa ofreciendo la nuestra.

La mente, nuestra mejor aliada, nos destruye en un momento si perdemos el control o si comenzamos a alimentarla con información negativa de cualquier tipo: "Soy un fracasado" "Todo lo hago mal" "Nadie me quiere" "Todo lo he perdido". Eso es tan nocivo y a la vez tan absurdo como si pusiéramos azúcar o refresco en el tanque de un finísimo automóvil. No cabe duda de que se echará a perder, encargándose de arruinar el resto de la maquinaria.

El peor de los extremos al que puede llevarnos una mente desquiciada por el miedo o la desesperación (que es hija del miedo y de nadie más), es el suicidio. Y en el denominador común de las cartas de suicidio. podemos encontrar la clave casual de la mayoría: "No se culpe a nadie de mi muerte". No, el verdadero culpable ha muerto. Muere porque le faltó amor a si mismo, un amor que le enseñara el cultivo de su propia mente a través de la belleza y del pensamiento positivo. Le faltó, asímismo, amor a los demás, el pensamiento afectuoso de evitar un crimen para ahorrarle dolor a los seres queridos.

Hay casos en que el suicidio está originado por un odio enfermo hacia los demás, por un oscuro deseo de venganza, por un "Verás que mal te sientes cuando yo haya muerto, verás cómo te sientes culpable".

Y el suicida lo logra, sin pensar que por culpable que pudiera sentirse la otra persona de su muerte, eventualmente le despreciará y le olvidará. La reacción es natural: si el suicida no nos amó lo suficiente como para evitarnos un dolor así, no tenemos porqué guardarle duelo por los siglos de los siglos. Y de esta manera, el suicida yace olvidado en el cementerio y se perdió para siempre del sol, del canto de los pájaros y de la risa de los niños que siguen disfrutando aquellos a los que intentó hacerles un daño irreparable con su muerte.

El suicidio puede explicarse en muchas formas: Como el acto más grave de agresión y odio; como un intento de ser auxiliado (casos en que el candidato al suicidio espera inconscientemente ser rescatado a tiempo) o como una llamada de atención. Pero en esencia siempre es lo mismo: Miedo irracional y falta de amor.

No sienta lástima por si mismo. No hay razón para ello. El simple hecho de poseer esa maquinaria maravillosa que es su cuerpo, esas ventanas de luz que son sus ojos, es suficiente como para adorar la vida. Mímese un poco: piense en lo importante que es su trabajo, en cuanto le necesita alguien, poco importa que sea su hijo, su esposa, su vecino o su perro. Piense qué sería de ellos sin su cariño, sin su compañía.

Usted vale mucho: tiene la misma cantidad de dedos y los mismos órganos que el hombre más rico del mundo y si no tiene una fortuna es porque no ha deseado obtenerla: luche y deje de compadecerse. Es usted el hombre o la mujer con más riquezas del mundo. ESTA VIVO Y ESO ES SUFICIENTE.

¿Ha conocido alguna vez a una persona aquejada por una enfermedad incurable? Por lo menos, ha oído hablar de alguien así. Esas personas son las que mejor valoran la vida, las que se someten a tratamientos dolorosos y terribles con tal de vivir unas semanas más, de tener otra oportunidad de sentir el calorcito del sol sobre la piel. ¿Tiene usted derecho para quejarse? ¡No, la vida es suya sin que tenga que hacer ningún esfuerzo ni someterse a operaciones mutilantes o drogas que causan reacciones espantosas. Disfrute de esa bendición. Ame a ese organismo que funciona solito, perfecto, como una maquinaria maravillosa, que le permite escuchar una palabra de cariño y sentir un brazo afectuoso que le rodea los hombros.

Usted es feliz por el simple hecho de estar vivo. Tiene una fortuna que ningún dinero podría comprar. Es libre para salir a la calle en este momento si asi lo desea, para ir a un parque o para recluirse a escuchar música. ¿No es esa razón suficiente para quererse mucho?

LA CULPABILIDAD Y LOS ERRORES
(LA CULPA DE TODO LA TIENE TOTI, O EL GOBIERNO, MI PAPA, MI MAMA, MI JEFE, MI MUJER, etc.)

CAPITULO VI

LA CULPABILIDAD Y LOS ERRORES

(“La culpa de todo la tiene Totí... o el Gobierno, mi mamá, mi papá, mi jefe” “yo soy culpable de todo...” o “Es que nadie me quiere...”)

La Mujer Maravilla y Superman

Uno de los personajes más difíciles de tratar que pueden encontrarse en la oficina, en la casa o en el club deportivo, son La Mujer Maravilla y Superman. Los hay en todas partes, de todos colores, edades y tamaños. Son los que *nunca se equivocan,* los que *jamás tienen la culpa ni reconocen sus errores.* Son aquellos que, por su dominio del capote, debieron ser matadores de toros... siempre sacan el bulto a la responsabilidad no cumplida que ha dado por resultado algún error:

— No, ese asunto jamás pasó por mis manos—. (El reclamante está seguro de que le entregó el expediente exactamente ahí, *en sus manos).*

— Eso está fuera de mi área. Le corresponde al jefe de bodega. (O al gerente de circulación, o a la jefa de personal, al policía que cuida la puerta o al león del zoológico).

— Me perdona, pero no recibí ese memorandum. Soy muy ordenado y de ninguna manera puedo haberlo pasado por alto—. (Cuando se localiza la copia del memo firmada de recibido por el "ordenado-infalible", éste alega lo siguiente:) —Si, yo firmé, pero firmé de enterado para que se lo pasaran a la persona que se haría responsable del asunto. No firmé "de conformidad". Sólo "de enterado".

— ¡Oiga, licenciado, pero si fue usted quien me ordenó hacer y enviar esa carta cancelándole el crédito a esos clientes! -gime la angustiada secretaria a quien el jefe ha puesto como palo de gallinero por la reclamación de unos clientes.

— Lo siento, Mari, pero le está fallando la memoria.

— ¡Jefe, usted me la dictó! ¡Tengo el dictado en mi libreta de taquigrafía!

— ¡Ahora si la hicimos buena! Por lo visto, usted ya ni siquiera es capaz de descifrar correctamente sus propios garabatos, señorita Mari!

— ¡Ay, licenciado! Acuérdese que usted estaba enojadísimo porque esos clientes estaban atrasados en sus pagos y dijo que no les volvía a fiar ni la hora del día. Y de inmediato me dictó la carta.

Ya molesto, el licenciado comienza a manotear. - ¡Le repito que el problema es de su transcripción! Y no quiero discutir más, señorita.

— Licenciado, por favor, si no estaba de acuerdo, ¿por qué me firmó la carta y me dijo que la enviara de inmediato?

— ¡Qué bonito! ¿Trata de culparme por el hecho de que, habiéndole tenido a usted tanta confianza firmaba sin leer lo que usted me presentaba? ¡Está despedida, señorita! Pase a la caja por su liquidación!

Superman y la Mujer Maravilla siempre abundan en excusas tales como:

— Yo jamás dije eso.

— Nunca te prometí semejante cosa.

Y linduras por el estilo. Lo mejor es ponerse lo más lejos posible de estos bichos infalibles que, a final de cuentas, se quedan enteramente solos con su infalibilidad y su cobardía moral.

El Complejo de Fosa Séptica

Estos personajes son raros... pero existen. En alguno de ellos debe haberse inspirado aquel tango de " ¡La culpa la tuve yo, corazón...! o lo de " ¡Culpable soy yo...!"

Es el tipo de gente a la que, con un poco de presión, podemos convencer de que es culpable hasta de la guerra de Vietnam. Sin necesidad de presión, esta fosa séptica humana, se autoculpa de todos los accidentes de su vida, de las traiciones que haya sufrido y de los errores que cometen los que se encuentran cerca de ella. Si es una madre de familia, lo primero que hace es disculpar a Pepito o a Juanito (que a la fecha puede tener treinta o cuarenta años) que salió borracho, irresponsable o flojo alegando que:

— Yo no supe ser una buena madre. La culpable soy yo.

— ¡Pobrecito! ¡Tuvo una infancia muy dolorosa porque no fui capaz de darle la seguridad económica que necesitaba.

— Lo discipliné demasiado - o bien:

— Lo consentí más de la cuenta.

— Nunca le ayudaba a hacer su tarea.

— Me sorprendió besándome con el lechero.

— Nunca quedó bien de la varicela, siempre fue delicado de salud porque cuando tuvo sarampión no tapé las ventanas con papel rojo.

Esta fosa séptica siempre viene en pareja con un productor de desperdicios emocionales que se encarga de culparla por todo y de todo. El arreglo es muy conveniente y ambos están a gusto: La fosa séptica se declara culpable y el productor de desperdicios vive tranquilo su papel de víctima inocente organizando cuanto despiporre se le antoja y culpando de todo a su fosa séptica. Es un círculo neurótico precioso: víctima y verdugo. La fosa séptica se acomoda solita, sin que la empujen, en el banquillo de los acusados y el fiscal, que es ni más ni menos que su "víctima", se encarga de lanzarle los cargos que ella olvidó hacerse a sí misma (aunque ya son bastantes las culpas que ella se echa a la espalda sin ayuda de nadie).

La forma de romper ese círculo neurótico es muy sencilla... en apariencia. Sólo se requeriría que la fosa séptica tuviera un ataque de madurez y cordura como el siguiente:

— ¡Querido hijo! Bebes porque eres un maldito borrachales, porque te encanta el reventón y el jaibolazo. ¡Anda a limpiarte con tu abuela (paterna si es la madre la que habla - materna si la fosa séptica es el padre) o con quien te dé la gana.

O bien: — Siento mucho que hayas tenido varicela a los tres años. Pero, ¿no crees que veinticuatro años de convalescencia ya son demasiados? ¿No sería bueno que te fueras buscando un empleo? Porque a partir de hoy, si no trabajas, no comes.

Pero esa fosa séptica humana no sólo se encuentra entre las filas maternales. Podemos ubicarla en todos los ámbitos de la vida: la esposa que disculpa al marido irresponsable alegando que "el pobrecito es hipertenso" o que justifica los cuernos con razonamientos tan absurdos como:

— En casa no falta nada, y lo que él haga afuera, no me concierne.

Esa fosa séptica es la que jamás se atreve a reclamar para sí ni siquiera los derechos más elementales que le corresponden como persona, que sufre pavorosas crudas morales cuando entra a una tienda de ropa para comprarse algo en vez de gastar el dinero en sus hijos, el marido o la abuela. Es la que se conforma con vivir en una miseria pavorosa mientras el marido se lo gasta todo en la cantina o le pasa dinero a sus padres que, realmente, no lo necesitan.

Todo el problema de estas personas surge de su falta de amor a sí mismas. Y, una vez más, no pueden pretender que alguien las ame sinceramente y las respete si ellas no se aman ni respetan a sí mismas.

Todos estan en mi contra. . . Nadie me quiere.

Este tipo de "culpable" comienza a hacer su numerito desde el kinder y, en casos agudos, en cuanto se baja de la cuna. Es el clásico quejoso "mi hermano me pegó" (aunque el hermano sea dos años menor). Posteriormente, es el pequeño que regresa del kinder llorando porque "ese niño que se llama Luisito me empuja y me tira cuando estamos formados para salir al recreo"; al día siguiente, o cuando mucho una semana más tarde, se queja de que "Luisito me quitó mi torta" o "me manchó mi cuaderno de iluminar".

Finalmente, la indignada madre se presenta en el kinder para protestar contra las monstruosas agresiones a las que el gorila de Luisito somete a su bebé... y la directora manda llamar al "gorila". Suele suceder que Luisito, el "gorila" agresivo, pese tres o cuatro kilos menos que el quejoso y mida hasta diez centímetros menos.

Esto se repite constantemente, cada vez a un nivel más importante. Ya en la primaria, cuando nuestro culpable resulta reprobado, la respuesta siempre es la misma:

– La maestra no me quiere.

– El profe me "trae en jabón".

Algunos padres llegan a pensar, erróneamente, que su pequeño es una víctima del destino, de la mala suerte, o que todos le tienen envidia por guapo o por inteligente. La verdad es otra: Ese niño piensa que nadie lo quiere (porque no ha aprendido a quererse a sí mismo) y, además, le resulta muy cómodo arrojar la culpa sobre los hombros del vecino más cercano.

Más tarde, ya adulto, este culpable se convierte en una plaga nociva; dado que jamás reconoce su propio error ni admite sus culpas, NO RECTIFICA SU CONDUCTA porque, honestamente, se siente limpio de culpa. Su penitencia no es la culpa: es la certeza del desprecio o del aborrecimiento que, según él, los demás le profesan.

Este tipo se encuentra en todas partes y es más peligroso conforme aumenta su jerarquía. Está en las oficinas públicas y en la iniciativa privada. Encomendar un asunto a este tipo de "culpable-perseguido por la mala voluntad ajena" es equivalente a un suicidio. El asunto no se arregla porque lo maneja un perdedor nato:

– Es que el señor juez no ha dictado el acuerdo.

– Yo ya le avisé al gerente, pero no ha dicho nada.

Huelga decir lo que sucede cuando este culpable decide ejercer la medicina o la carrera de leyes.

Todos cometemos errores. Sólo el que no hace nada nunca se equivoca. Lo peor que podemos hacer al cometer un error es:

a) No reconocerlo honestamente. No importa que no lo reconozcamos públicamente, aunque lo más honesto es hacerlo así. Lo esencial es reconocerlo ante nosotros mismos para no volver a cometerlo.

b) Lamentarlo. Aunque me jale los cabellos y me recete tres topes contra la pared más cercana, la cosa no tiene remedio... y si lo tuviera, el camino no es lamentar, sino actuar. El único error más grande que cualquier error, es lamentarse y echarse a la espalda el fardo de la culpa. Eso no es positivo. Lo único positivo, es la intención firme de enmendarlo, si es posible, o de no volver a cometerlo aún por encima de aquel antipático axioma que reza: "El hombre es el único animal que tropieza dos veces con la misma piedra". Probablemente, el autor del axioma era alguien que no tenía la capacidad o el valor moral de reconocerse culpable y proponerse no volver a meter la pata... por lo menos en ese mismo bache.

ELIMINE SU TENSION... LO ESTA MATANDO

CAPITULO VII

ELIMINE SU TENSION NERVIOSA... LO ESTA MATANDO.

Lo primero es perdonarnos a nosotros mismos. Hay que proponerse para mañana a primera hora, sin que nada posponga que lo decidido se lleve a cabo, que ese será el día del perdón; Yo soy la primera persona que necesita ser perdonada y, definitivamente, hasta el día de hoy, había sido el juez más implacable para mí misma. Ese mismo juez, desde luego, es el que juzga a los demás, y no perdonándome a mi misma, mi juez interior no puede perdonar a los otros.

De acuerdo con ese juez que cada uno de nosotros lleva en su interior, casi todo es digno de reproche: lo que hicimos y lo que dejamos de hacer, los errores pequeños y grandes, las palabras pronunciadas y los silencios; el haber sonreído buscando una conciliación en vez de armar una bronca estrepitosa y el haber armado una bronca estrepitosa en vez de ser cordiales. Total, que este juez es un maldito neurótico que nunca está conforme. Para empeorar la situación, a muchos de nosotros nos toca un juez insomne, que decide iniciar sus juicios tan pronto como ponemos la cabeza en la almohada... y adiós sueño.

Hablemos cordialmente con ese juez. Quizás fuera bueno llamarlo a cuentas en la mañana, muy temprano, cuando el muy bribón se está reponiendo de la desvelada, en la hora en que nuestra conciencia duerme. Es suficiente decirle algo como:

– Mira, me siento apenada por el error que cometí... me servirá de lección y eso es muy positivo. Pero ya deja de fastidiarme la existencia. De todas maneras, el pasado no admite zurcidos-. O bien:

– Oye, ya te estás pareciendo a Torquemada, el de la Santa Inquisición. Es suficiente que menciones mi equivocación *una vez*... pero resulta odioso que me lo repitas a todas horas y en todos los tonos de la escala musical. Eso no se llama corregir, sino atormentar,y no pienso permitírtelo.

No puede negarse que la voz de nuestra conciencia es la mejor guía para la conducta... pero si no ponemos remedio a tiempo, esa voz puede convertirse en un grito, en un reproche constante que nos deja sordos ante todo lo demás que rodea y dá forma a nuestra vida. La conciencia humana también enferma y cuando su dolencia es el sadismo (que el estarnos reprochando constantemente lo mismo no es otra cosa que un sadismo enfermizo), hay que curarla con energía y fortaleza de carácter, pues en caso contrario cada día se enviciará más y puede llegar el momento en que nos haga perder la estabilidad emocional. Esta conciencia enferma, viciada y cruel, puede llegar al extremo de revisar nuestro archivo de memoria y reprocharnos a gritos errores cometidos hace muchos años que, aunque para purgarlos vertiéramos hasta la última gota de sangre, ya no tienen remedio.

Hay que escuchar la voz de la conciencia... hay que oírla con gran atención... pero si comienza a subir el tono de la voz y a volverse repetitiva, es necesario ponerle freno. Podemos librarnos de las voces exteriores, pero no de la voz interna, y por lo tanto, es importantísimo que esa consejera interior conserve la cordura y no se convierta en verdugo implacable. Una vez que hemos tomado la decisión de no repetir el error o la falla de conducta, hay que acallar la conciencia, excepto en el caso de que sea posible hacer una reparación.

Una vez que conseguimos la absolución general para nosotros mismos, es sorprendente, casi milagroso, lo fácil que resulta perdonar a los demás y librarnos de las cargas terribles del resentimiento y el odio que, a final de cuentas, ni siquiera dañan al objeto aborrecido, sino que nos hieren a nosotros mismos cada vez con más seriedad.

Cualquiera que sea la ofensa o la injusticia de que nos haya hecho víctimas otra persona, nada va a cambiar lo sucedido. Esa ofensa, esa injusticia, enfocada positivamente, nos será útil para valorar a la persona que la cometió. En cambio, el resentimiento no tiene ninguna utilidad. Un estudio importante de la Universidad de Florida, señala que la fuente más importante de tensión en el ser humano es el odio y el resentimiento. Y de la tensión que sentimos provienen muchas cosas tan desagradables como los infartos, la hipertensión arterial y, en lo exterior, la descomposición de nuestras relaciones afectivas.

Lo anterior es muy lógico. Cuando nos irritamos, las glándulas suprarrenales aumentan la producción de adrenalina, que excita al organismo poniéndolo a la defensiva. Desde luego, eso altera el buen funcionamiento orgánico y acaba por enfermarnos y hasta puede costarnos la vida.

En lo referente a nuestras relaciones con los demás, es lógico que acaben por volverse agrias ya que, si internamente estamos consumidos por el resentimiento, por la rabia de que hemos sido tratados injustamente o por el odio, es natural que se transparente lo que sentimos y que, de alguna manera, nuestras palabras broten al exterior teñidas por cierta dosis de amargura. El odio nos enferma a nosotros y daña a los que amamos... nunca al "enemigo".

En cuanto a las relaciones con los demás, la mejor solución en caso de conflicto es enfrentar directamente el problema, en vez de posponerlo indefinidamente y limitarse a sentirse víctima. Si en la oficina hay alguien que le molesta sistemáticamente, adopte lo que se llama "Técnica de contraataque". Es muy simple y funciona en la mayoría de los casos. Aborde a la persona que la molesta y haga una pregunta simple que se refiera a la raíz del problema:

— Oye, ¿te hace feliz ser mordaz? (o hiriente, chismosa, etc.)

En la mayoría de los casos, ese tipo de bicho que se complace en fastidiarle la existencia a los demás haciendo comentarios desagradables (sean justos o no) se queda de una sola pieza cuando ve su juego descubierto.

También se puede usar la técnica "Diplomática". Consiste en acercarse a esa persona y decir algo así como:

— No te imaginas cuánto admiro la precisión con que haces tu trabajo (o la forma en que te pintas las uñas, o tus pestañas, o tu sonrisa o tu amabilidad). Me encantaría hacerlo tan bien como tu.

Lo anterior requiere un esfuerzo serio... pero siempre funciona. Si aquella persona siente que nosotros percibimos sus "enormes" cualidades, no seguirá desacreditando a quien así la estima, ya que si lo hiciera, pondría en tela de juicio el criterio de alguien que piensa tan bien de ella.

Quizás este último procedimiento no suene muy limpio, pero se utiliza en casos extremos y, después de todo, aspira y conduce a un fin armonioso... lo cual disculpa lo que haya de retorcido en nuestro procedimiento.

EL INSOMNIO... FUENTE DE TENSION NERVIOSA

Aunque parezca una afirmación absurda, nada causa tanto insomnio como el insomnio. Basta que no podamos dormirnos al primer intento para que a cada momento resulte más difícil conciliar el sueño.

La causa es simple: El insomnio es hijo de la tensión, de la angustia. Entre más nos preocupa no poder dormir, más difícil resulta lograrlo. La gente suele decir que "se espanta el sueño", y el término no es descabellado.

Lo más recomendable, cuando sentimos dificultad para conciliar el sueño, es echar mano de la técnica de relajamiento de Jacobson. Es muy sencilla:

Recuéstese boca arriba, sin almohada o con ella, según

acostumbre dormir. Ponga todo su cuerpo en tensión, sienta todos y cada uno de los músculos, desde los pies hasta la cabeza. Apriete los puños, la mandíbula, todos los múculos incluyendo los de la espalda y el abdomen, Después, por orden, váyalos soltando uno por uno. Primero, afloje los dedos de los pies. Posteriormente, seguirá con las pantorrillas, los muslos, el abdomen, los brazos y, hasta el final, la cabeza.

Pase revista a todo su cuerpo verificando que ni siquiera el músculo más pequeño haya quedado tenso (ponga atención especial en los músculos de la nuca y la lengua). Cuando se sienta completamente relajado, imagine una escena pacífica y agradable. Puede ser una playa solitaria, un campo verde o una laguna tranquila rodeada de árboles. Comience a sentir que su cuerpo está hueco y que por los dedos pulgares de sus pies comienza a correr una suave oleada de agua clara que pasa por todo su cuerpo hasta llegar a la cabeza donde deberá desvanecerse. Repita la operación dos veces. Rechace todo pensamiento que quiera entrar a su mente y procupe ponerla en blanco.

Si lo anterior no funciona... no se preocupe ni pase dos horas dando de vueltas en la cama. Simplemente, levántese. Hay días en que el organismo requiere poco o ningún sueño. Le garantizo que no dormir no le matará. En cambio, la preocupación por no dormir puede causar daños graves e insomnio crónico.

El sueño es como el apetito. El cuerpo lo pide y si usted lo forza, acabará por enfermarlo. Abandone tranquilamente la cama y tome un buen libro, escuche música suave o arregle ese cajón que había dejado pendiente desde hace meses. Llegará el momento en que el cuerpo le exija sueño... y dormirá.

Por favor, no se obsesione con el sueño ni se autocalifique de insomne. Tenga presente que el sueño es eso: una necesidad igual que comer. Su organismo es muy sabio y le indicará, sin lugar a dudas, cuando requiere sueño.

Sólo le recomiendo que no dedique esas horas o esas noches enteras en que no duerme a repasar sus problemas. Sus horas de vigilia *deben ser* horas serenas, de paz consigo mismo. No recurra en ningún caso a los somníferos, que además de causar adicción, desorientan la brújula de su organismo que deja de exigirle que duerma cuando es necesario porque usted le ha quitado la tarea de las manos al ingerir somníferos. Es el mismo caso (aunque el de los somníferos es muy grave) de la persona que toma laxantes todos los días. Llega el momento en que el intestino se vuelve perezozo y se rehúsa a funcionar sin el laxante acostumbrado.

LOS "PREOCUPONES" OBSESIVOS

Preocuparse es un hábito que, con mucha frecuencia, aprendimos de nuestros padres. Pero ya estamos grandecitos y es tiempo de olvidar esa costumbre que la mayoría de nosotros nos hemos encargado de reforzar y agigantar. Preocuparse no es inevitable: es una postura mental que puede cambiarse. No es sencillo, pero los resultados compensan ampliamente el esfuerzo. Preocuparse ocupa muchas horas de nuestra vida y, lo que es peor, disminuye su calidad.

Es bueno sentarse a analizar un problema y buscar soluciones, pero es diferente cargarlo en la espalda de día y de noche y compartirlo con cualquier desafortunado o desafortunada que tengamos a mano.

Una vez que se analiza un problema y se toma una resolución, hay que poner manos a la obra y aplicar la solución elegida sin estarla posponiendo. Si no se puede llegar a una decisión que resuelva el problema, es inútil seguir atornillándose el cerebro y enviando el organismo descargas constantes de adrenalina, ocasionando taquicardias y muchos otros fenómenos que, a final de cuenta, sólo servirán para crear otro problema sin resolver el primero.

Es indiscutible que dentro de cierto número de años, cualquiera que sea nuestra edad, estaremos muertos. ¿Para qué arruinar lo poco o lo mucho que nos quede de vida si eso ni siquiera sirve para eliminar lo que nos preocupa?

Desde luego, hay estados de tensión que resultan inevitables: una intervención quirúrgica, un problema de trabajo, la enfermedad de algún ser querido... Pero sólo estamos de acuerdo en la tensión inicial, no en prolongarla o en anticiparse a los acontecimientos. Y aún en esas situaciones agudas, lo más conveniente es relajarse y pensar positivamente que todo va a salir bien. Con nuestro nerviosismo, no le ayudamos al ser querido ni a nosotros mismos. Adopte usted una actitud tranquila (aunque no sea real) y poco a poco, esa actitud se volverá auténtica, y en vez del hábito de preocuparse, usted irá adquiriendo el hábito de la serenidad.

No lo olvide: Preocuparse no es otra cosa que castigarse a si mismo, que amarse menos de lo necesario. Si usted da rienda suelta a sus pensamientos negativos y se preocupa inútilmente, solamente logrará convertir a su pobre cuerpo en un campo de batalla donde las hormonas y los jugos gástricos organizan una tempestad.

FREUD ES UN FRAUDE

FREUD ES UN FRAUDE

Cuando Sigmund Freud anunció que la mujer sufría "envidia del pene" sus colegas y alumnos, todos pertenecientes al sexo masculino, aplaudieron con entusiasmo. Esto venía a reforzar la teoría de que la mujer era un ente de quinta categoría, un hombre castrado. Hasta cierto punto, Freud tenía razón: la mujer de su época era un ser castrado. . . castrado emocionalmente. Relegada al papel de criada elegante y de amante sin derechos ni salario, la mujer promedio no pensaba ni por equivocación en una carrera profesional.

La que no lograba casarse, recibía el mote de "quedada" como si hubiera sido una mercancía defectuosa con la que no quiso cargar ningún cliente. ¿Estudios universitarios? ¡Ni pensarlo! El dicho de moda era el siguiente "MUJER QUE SABE LATIN, NI ENCUENTRA MARIDO NI TIENE BUEN FIN".

Actualmente, Freud ha muerto por segunda vez, sepultado en gran parte por lo que ahora se conoce como "Envidia de útero", una nueva teoría psiquiátrica según la cual el hombre tuvo a la mujer relegada durante tantos siglos no sólo por el afán de dominio inherente a la naturaleza masculina, sino básicamente por resentimiento, por envidia de no poder dar vida como lo hace ella desde el momento de la concepción. Esta teoría se apoya, además, en el hecho anatómico y fisiológico indiscutible de que la maquinaria femenina de reproducción es delicada y compleja, a diferencia de la masculina que cuelga en el exterior, sujeta a todo tipo de accidentes.

Ambas teorías son absurdas. La verdad es que el hombre y la mujer son seres diferentes que se complementan mutuamente. Ninguno de ellos es superior al otro porque ni siquiera resisten comparación, ya que son tan distintos. Son tan ridículas las feministas como los chauvinistas que desprecian a la mujer (en apariencia, porque lo cierto es que le tienen pánico) La liberación femenina no necesita de movimientos escandalosos y ridículos. La mujer tiene que liberarse, no de la tiranía masculina que ella misma propicia, sino de su propio miedo, su ignorancia y, lo más importante: su holgazanería. Es muy común que a la mujer le resulte más fácil soportar a un tirano que trabajar. Vende sus derechos de persona a cambio de tres comidas diarias.

Es frecuente que se escude en los hijos para no dejar a su pareja: esta es una actitud aún más triste ya que carece del valor de aceptar que lo soporta porque tiene miedo de convertirse en proveedora. En realidad, ésta la clase más desagradable de prostitución emocional que existe: la mujer acepta golpes, humillaciones y malos tratos con tal de recibir alimentos y tener un techo. Para los pequeños que ella alega falsamente proteger, esto es nefasto y deja cicatrices que jamás desaparecen del alma de los niños, que aprenden a temer al padre y compadecen y desprecian simultáneamente a la madre.

CUANDO ES NECESARIO RECURRIR A UN PSICOTERAPEUTA

Hay situaciones graves, agudas, en las que ya no somos capaces de ayudarnos a nosotros mismos ni de controlar nuestras emociones. Desde luego, eso no significa que estemos locos ni a punto de perder la razón. Todos, en alguna ocasión de la vida, necesitamos del apoyo y el criterio de alguien capacitado e imparcial. Ir al psiquiatra o al psicoterapeuta no significa estar loco.

Ciertas situaciones nos dan la clave de que necesitamos de apoyo profesional. Entre ellas, cabe mencionar las siguientes:

1) Pensar con frecuencia en el suicidio como puerta de escape o como arma para desquitarnos de alguien.

2) Estallidos de cólera que después de la tempestad nos dejan sintiendo que fuimos injustos y absurdos.

3) Una sensación clara de miedo constante hacia algo que no sabemos qué es.

4) Pérdida total de interés en el trabajo que antes nos motivaba mucho y nos interesaba. Esto se refiere a cualquier tipo de profesión o trabajo, incluyendo las labores domésticas.

5) Si comienza a adoptar una conducta autodestructiva: una semana seguida de tomar medicamentos para dormir; ingestión exagerada de alcohol; (es exagerada cuando nos hace perder contacto con la realidad, cuando disminuye nuestra capacidad económica y se gasta en el bar lo que hace falta en la casa, cuando resulta en discusiones agrias con la familia o

los amigos y cuando nos hace fallar en el trabajo); comenzar a correr en nuestro automóvil; el juego con apuestas que desequilibran nuestra economía, etc. Los comportamientos autodestructivos, son una manifestación de resentimiento contra nosotros mismos y contra los demás.

6) Si de pronto siente que está solo porque nadie lo comprende o que todos se han vuelto en su contra.

Si alguno de los factores mencionados ha comenzado a formar parte de su vida, recurra INMEDIATAMENTE al auxilio psiquiátrico. Haga caso omiso de las opiniones que familiares o amigos tengan al respecto. Si usted tuviera un dolor agudo en el vientre o en el pecho, nadie le criticaría por recurrir al especialista. Pues las enfermedades emocionales son tan importantes como una amenaza de infarto o como una apendicitis aguda.

Es importante que el psicoterapeuta elegido sea una persona de absoluta honestidad y de profesionalismo reconocido. Un mal psiquiatra es más peligroso que un cirujano idiota. Si no conoce a ninguna persona de cuya capacidad esté convencido, tome la guía telefónica y busque la Asociación Psiquiátrica más importante de su localidad. Ahí pueden recomendarle a un profesionista capaz.

No permita que lo detengan las consideraciones económicas en cuanto al costo del tratamiento, que puede constar de una sola entrevista o de muchas, dependiendo de la gravedad del caso y de la cooperación de usted. Lo que usted se está jugando en este caso es lo más valioso del mundo: Su felicidad y hasta su vida. Esto es más importante que cualquier otro gasto o bien material.

Hay muchas clases de suicidio psíquico y muchas de ellas son socialmente aceptables: la persona que "se mata" trabajando, que se olvida hasta de comer y reduce sus horas de sueño. El trabajo debe ser fructífero y satisfactorio, pero tan pronto como se convierte en el equivalente de un revólver, deja de ser positivo.

Hay quienes se suicidan social y psíquicamente comiendo en exceso, y se esconden del mundo bajo una muralla de grasa. Posteriormente, cuando transcurre el tiempo, comienzan a presentarse problemas graves de salud por el exceso de peso. Básicamente, esta actitud brota del miedo a enfrentarse con el mundo, y de la falta de armonía consigo mismo. Si no fuera cierto, ¿quien se convertiría voluntariamente en un ser raro, antiestético, fuera de lo común y, a menudo, objeto de burlas y chistes de mal gusto? Este tipo de suicida, se consuela con la comida del rechazo social que él mismo provoca.

La salud del cuerpo es casi tan importante como la salud mental para el logro de la felicidad. Nadie puede sentirse completamente satisfecho si cada vez que se topa con un espejo se encuentra con un ser humano cuyo volumen se ha elevado al cubo. Es posible adaptarse a cualquier problema de tipo accidental e inevitable como la pérdida de un miembro o de una facultad. . . pero NUNCA se adapta el ser humano a un mal cuyo remedio está en sus propias manos, como el caso de la obesidad.

Yo conozco a personas extraordinarias y felices que se han quedado ciegas o perdido un brazo. Son el centro de admiración y respeto de su familia, sus amigos y sus compañeros de trabajo. Pero jamás he conocido a una persona obesa que no esté llena de problemas y se sienta profundamente desdichada.

Nadie tiene derecho al suicidio, ni siquiera al psicológico. Si ya no quiero mi vida. . . la opción inteligente será regalarla. Hay muchos huérfanos, ancianos y enfermos que podrían servirse de ella si les regalo mi vida en forma de tiempo, atención y afecto. Eso, en el caso de no tener familia que nos necesite. Hay que pensar que nuestra familia no se reduce a aquellos que comparten nuestro apellido:

También el resto del género humano es parte de nuestra familia y tenemos obligaciones hacia él. Y no sólo hacia el género humano: también el reino animal es parte de la creación divina. . . y quizás es la parte que sufre más: los animales atormentados inutilmente en los laboratorios de "investigación", que son pasto de los impulsos enfermos y sádicos de los "cientificos" que saben perfectamente que los experimentos hechos en animales no son válidos para el género humano ya que la reacción orgánica es enteramente distinta. [1]

A nuestro alrededor, con tan solo prestar atención, encontraremos cientos de metas ideales y maravillosas a las que aspirar. Entre ellas:

* Un asilo de ancianos a donde podemos acudir para leer en voz alta a esos viejecitos tan abandonados (Sobra quien

[1] Lea, si logra encontrarla, "La Emperatriz Desnuda" de Hans Ruesch, autor también de "El País de las Sombras Largas". Demuestra, más allá de todo cuestionamiento, lo estéril y lo infame de las torturas, mal llamadas experimentos, a que se somete a los animales indefensos en los laboratorios de todo el mundo.

ansíe dar tiempo y atención a los pequeños huérfanos de los hospicios, pero casi nadie gusta de ocuparse de los ancianitos y viejecitas abandonados a su suerte en asilos donde pueden tenerlo todo menos las palabras de afecto que sólo usted puede regalarles).

* Los hospitales para enfermos incurables (en México, tenemos el de Tepexpan), los infantiles, los manicomios.

* Las cárceles y los asilos religiosos particulares para chicas y adolescentes.

* Los pobrecitos perros maltratados y torturados en los Antirrábicos y en las Universidades. Recoger a un perro lastimado, enfermo o abandonado es una caridad doble: para el animal y para nosotros mismos que con un poco de afecto y una cantidad mínima de dinero para alimentarlo, obtenemos al único amigo que, con certeza, no nos abandonará ni nos traicionará jamás.

* Un pequeño jardín personal: puede hacerse sin contar con espacio, en unas cuantas macetas de barro y con semillas que venden en todas partes. Es muy satisfactorio observar cómo van saliendo los pequeños tallos de la tierra, buscando la luz, y cómo nos compensan en poco tiempo ofreciendo lo mejor de ellos mismos: flores o frutos, o el simple follaje verde y fresco.

* Toque la guitarra o aprenda a tocarla. Es un instrumento barato y la satisfacción de hacer música es única. Si tiene en casa cualquier otro instrumento, úselo, déjelo hablar bajo el toque de sus dedos.

* ¿Había pensado alguna vez en escribir un libro? Para hacerlo, no es necesario ser un artista literario o un científico. Desde luego, no lo haga con la meta de publicarlo: hágalo por usted mismo, por plasmar en letra escrita sus experiencias de la vida o por desarrollar un tema en que sea especialmente experto. Puede ser administración doméstica (cómo ahorrar tiempo y dinero en los quehaceres de la casa), *tips* para cuidar y educar a los hijos, (cómo lograr que el pequeño de un año esté seguro, divertido, y nos deje en libertad para hacer las tareas de la casa, cómo evitar rozaduras, cómo contender con y comprender a los adolescentes, etc). Quizás usted, amiga, sea experta en tejidos de agua o ganchillo: integre un libro con su valiosa experiencia. Los temas son inagotables y, le aseguro, sobrará quien ansíe beneficiarse con su experiencia.

* Inicie la construcción de una cajita bellamente pintada, o de alguna artesanía. Puede comprarse un pirógrafo y calcar, sobre una tablita, cualquier dibujo para luego pirograbarlo y enmarcarlo. Su casa quedará preciosamente decorada, o sus amistades se sentirán gratamente sorprendidas con un regalo tan original.

Eche mano de su imaginación y diseñe su propia actividad de acuerdo con sus preferencias. No la abandone y verá que no sólo produce cosas bellas, sino que proporciona una terapia extraordinaria que está en el presente, que no lo obliga a revisar un pasado doloroso e indiscutiblemente MUERTO. No incinere su vida en el fuego del pasado, que todo lo que lograría es desperdiciar su presente y su futuro y desenterrar cosas podridas que YA NO TIENEN REMEDIO, lamentarse amargamente por lo que hizo o por lo que no hizo, llorar lo que se perdió para siempre y llenarse de amargura por algo que no va a cambiar aunque le dedique los pensamientos del resto de su vida.

Consulte la hora de su reloj, vea el calendario y haga consciencia: ese día, ese instante, no lo volverá a vivir jamás, no podría recuperarlo ni con todo el poder y el oro del mundo. ¿Vale la pena sepultarlo en el pasado? El día de hoy ofrece posibilidades únicas: cultivar un cariño, dar y recibir una sonrisa, escuchar música hermosa, salir al parque, disfrutar el canto de los pájaros y las risas de los niños. No regale su día a la recreación de esa película vieja que es su pasado.

Y consultar al psiquiatra no es sino eso: pagar por una compañía que sirve para revisar un pasado muerto. Consulte gratuitamente a su futuro y goce sin pago de su presente.

DELE UNA MANITA DE GATO A SU PERSONA Y A SU PERSONALIDAD

DELE UNA MANITA DE GATO A SU PERSONA Y A SU PERSONALIDAD.

Partamos de la base de que usted es, para sí mismo, la persona más importante y querida del mundo. Desde su punto de vista, ¿en qué estado debería usted encontrarse siendo la persona más importante del mundo? Cuidadita, bella, bien vestida, rodeada de un ambiente agradable, en excelente estado físico, etc. ¿No es cierto?

Podría apostarle que usted no se ha tratado a sí mismo como eso, como la persona más importante del mundo. . . por lo menos, hasta el día de hoy. Comencemos con una revisión cuidadosa.

Busque un espejo de cuerpo entero y observe cuidadosamente:

* ¿Cómo es su postura, su porte? ¿Enconvado o erguido? ¿Tiene apariencia de rey o de reina? ¿No? ¿Por qué? Usted es su propio rey o su propia reina. Por favor, enderece la espalda y eche atrás esos hombros.

* ¿Cómo está esa cabellera? ¿Arreglada? ¿Lustrosa? Y si sufre de calvicie, ¿por qué lo permite? Actualmente, se fabrican unas pelucas masculinas verdaderamente fabulosas... nadie se daría cuenta de que usted trae peluca. ¿Lo había pensado? Si es usted mujer, ¿trae el corte de pelo que favorece más a su cara? Recuerde que es el marco de su rostro y ¡arregle ese cabello! Lo estará haciendo por sí misma, no por darle gusto a nadie.

* ¿Y su cutis? ¿Limpio y sano? ¿O es la prueba más clara de sus pésimos hábitos alimenticios? ¿Hay puntos negros o pequeñas espinillas? ¡Qué barbaridad! Es importantísimo arreglarlo y consentirlo. Por bellas que puedan ser las facciones, no lucirían los mejores ojos ni la nariz más perfecta sobre un cutis manchado o granujiento. ¿Tiene grandes surcos y arrugas escandalosas? ¡Pues tiene que acabar con ellas! ¡La persona más importante del mundo debe lucir en su mejor estado!

* ¿Puede sonreir sin perder la alegría? Esto parece una contradicción, pero es un hecho real. Si al sonreir se enfrenta con una dentadura descuidada, con piezas faltantes, dientes chuecos o sucios. . . ¡adiós alegría!

*El cuello, único sostén directo de una de las partes más importantes de nuestra anatomía, debe lucir orgulloso, terso, erguido. ¿Se ve así el suyo?

* ¡Y esa silueta! ¿La encuentra perfecta? ¿No hay por ahí algunos kilitos de más? ¿Llantitas? ¿Celulitis? ¿Flaccidez?

* ¿Y sus manos? ¿Son perfectas? ¿O muestran uñas disparejas, descuidadas? ¿Tienen manchitas?

* ¿Cómo anda el guardarropa? ¿Se viste de acuerdo a su edad, a su profesión, a su gusto, y, especialmente, con lo que le hace lucir mejor?

Vamos a verlo todo, parte por parte, vamos a hacer un trabajo de ajuste general en LA PERSONA MAS IMPORTANTE DEL MUNDO; ¡Usted!

SU PORTE, SU POSTURA

Su cuerpo está construido igual que el de la persona más elegante y majestuosa del mundo, trátese de un rey o de una modelo de Vogue. La postura es tan importante como la silueta. Una espalda encorvada o un cuello agachado, dan la impresión de derrota, de abandono e indiferencia. Tenga la bondad de enderezar esa columna vertebral, de erguir ese cuello. Ahora, con una postura diferente, mírese al espejo. Su espalda es la misma de la Reina Isabel de Inglaterra, y su cuello tiene el porte orgulloso que observamos en gobernantes poderosos.

Si usted permite que su espalda se encorve, disminuirá su estatura. Y en función directa de ello, el respeto que los demás le demuestran. Es curioso, pero usted puede comprobarlo de manera sencilla; simplemente, entre a una oficina de gobierno a hacer cualquier trámite, y acérquese al mostrador con la espalda encorvada y la barbilla pegada al pecho. Si la empleada se digna mirarle, lo hará con expresión despectiva: ¿Y por qué habría de ser de otra forma si usted mismo, con su actitud, está demostrándole que se desprecia a sí mismo? Y si usted, que es quien mejor se conoce, se desprecia, ¿por qué no van a menospreciarle los demás?

Procure caminar erguido, sentarse adecuadamente, levantar con orgullo la cabeza (después de todo, dentro de ella lleva la computadora más compleja del mundo). Estudie con cuidado su postura y cambie su porte: en gran medida, ese cambio cambiará su vida.

SU CUTIS

A fines de este siglo veinte, ya resulta imperdonable tener un cutis arrugado, viejo o lleno de manchas.

Si tiene pequeñas espinillas, revise su dieta. Estoy segura de que no está bien balanceada. ¿Toma suficiente fruta? ¿Y ensaladas verdes? O es el clásico aficionado a los sopes, las quesadillas y esas ricas enchiladas de mole poblano que enorgullecen a la cocina mexicana pero que, además de fastidiarnos la silueta, nos brotan por los poros de la cara en forma de odiosas espinillas. Y si esas espinillas se descuidan. . . pueden convertirse en acné.

Su piel refleja lo que come y lo que bebe (y también lo que fuma). Haga un esfuerzo por esa persona que es usted, por la más querida e importante del mundo, y alimente la maquinaria maravillosa de su cuerpo con lo que realmente le conviene.

En el caso de las manchas o de las arrugas, el problema es

un poco mayor. . . pero ya tiene solución: La cirugía plástica para las arrugas y la dermabrasión para las manchas.

Y no es cuestión de ser millonario: actualmente, en México, hay hospitales maravillosos donde la cirugía plástica, practicada bajo la dirección de los médicos más expertos, por médicos y doctoras que se están especializando, es casi gratis. Entre estos hospitales, está el Gea González.

Si tiene usted los medios, busque un excelente cirujano plástico y quítese las arrugas. No las acepte como un castigo del tiempo. . . simplemente, elimínelas.

Hasta hace pocos años, la cirugía plástica era del dominio casi exclusivo de algunas actrices valerosas que fueron las pioneras, los conejillos de Indias. Pero ahora, la cirugía plástica es un instrumento que está al alcance de todos y cada día son más las personas (y un buen porcentaje pertenece al sexo masculino) que, por respeto a sí mismas, combaten esas arrugas que no son otra cosa que una imperfección que puede evitarse.

Después de los cuarenta años, la mejor crema del mundo resulta impotente para eliminar las arrugas o para retrasar su aparición. Vaya aceptando la idea de la cirugía plástica.

Un importante comentarista de la televisión, se ganó mi respeto (y creo que el de mucha gente) cuando, al reaparecer ante las cámaras depués de alrededor de un mes de ausencia, comenzó a contestar los llamados telefónicos del público:

—Oiga, señor Ochoa, ¿qué le pasó que lo veo tan delgado? Le queda muy bien.

—Me puse a dieta.

—Señor Ochoa, le veo algo extraño: ¿qué se hizo en la cara?

El comentarista Ochoa dio la mejor explicación del mundo: la más honesta, la más sana y la más digna de respeto (que serviría para cualquiera de nosotros, excepto en el aspecto de que él es una figura pública):

—Me puse a dieta y me hice cirugía plástica en la cara. Lo hice por respeto a mí mismo y porque soy una figura pública. Me siento mejor que nunca y estoy feliz por haber tomado esa decisión.

¡¡Bravo, señor Guillermo Ochoa!! Eso de la cirugía plástica, sobre todo en los hombres, aún es tabú en algunos sectores atrasados. Se necesitan pantalones y mucho amor y respeto por sí mismo para hacer una declaración pública de semejante calibre.

No permita que lo detengan las consideraciones económicas: su cara y su apariencia es más importante que cambiar de automóvil, pintar la casa o comprar una televisión de color. No nos vemos precisamente encantadores con enormes bolsas de pellejo debajo de los ojos o con un pescuezo parecido al de los guajolotes.

La única persona que debe aprobar su decisión de hacerse cirugía plástica es usted mismo. No permita que le detengan las opiniones de la familia o de los amigos. . . pueden ser bien intencionadas, pero es usted quien luce por todas partes esa cara que podría gozar de muchas mejoras, no sus amigos o su familia.

Más aún: si decide que su nariz no le gusta o que sus orejas son grandes o antiestéticas. . . aproveche la ocasión y arregle todo lo que no le guste. Las manchas de la cara o de las manos pueden eliminarse mediante una operación simple (anestesia local) en la que se lija la parte superficial de la piel o se le aplica un ácido de solución controlada que desprende, al cabo de unos días, la parte superficial del cutis dejando una capa nueva, tersa y perfecta.

Piénselo bien: Esta es una de las decisiones positivas más importantes de su vida. Si ha reunido dinero para un viaje a Europa. . . ¿Qué objeto tiene ir a pasear las arrugas por Venecia o por París? Lo primero es usted.

Si decide hacerlo, en menos de un mes, sentirá que ha iniciado una nueva vida, que el espejo le devuelve la imagen de una persona bella, sonriente y encantada de estar viva. Este es uno de los mejores actos de amor por uno mismo.

Si pertenece al género masculino y sufre de calvicie, el asunto es diferente: Depende de cómo se sienta usted. Hay calvos guapísimos, con una enorme personalidad, a los que quizás si tuvieran una abundante cabellera no voltearía uno a ver con admiración. . . pero esos hombres calvos y bellos están encantados con ser calvos. Si ese es su caso, no es necesario hacer nada al respecto.

Pero si la calvicie le hace sentir mal o verse viejo antes de tiempo: ¡No deje pasar un día más! En México ya se hacen peluquines y piezas (grandes o pequeñas, de acuerdo con el problema) tan naturales que puede usted bañarse o nadar sin quitárselas. Dedique usted el próximo sábado, o pida un día de permiso en el trabajo y vaya a varias casas especializadas hasta encontrar lo que le satisfaga para mandar hacer su peluca. Y si usted pertenece a este género de calvo desdichado, NO SE DEJE INTIMIDAR por las burlas o las críticas de sus amigos (la mayoría de los criticones son calvos tan desdichados como usted, pero carentes del valor necesario para confesarlo o para hacer algo al respecto). Mande a todos a freír espárragos, que a la única persona a quien tiene que darle gusto es a USTED MISMO.

¡ ¡ESA BELLA SONRISA!!

Imagine por un momento a una mujer bellísima (podríamos hacer la imagen mental de Raquel Welch o de Marylin Monroe, o de Susana Dosamentes, Verónica Castro, etc.) ¿Dónde iría a parar toda esa belleza si de pronto, aquel rostro estallara en una sonrisa de dientes manchados, rotos, encimados, o dejara ver espacios vacíos? ¡Adiós belleza!

Haga la prueba de recortar cualquier fotografía de una mujer bella o de un hombre muy bien parecido. . . y dibuje sobre la foto un diente manchado, un diente roto o un agujero. El resultado es que se echa a perder todo el conjunto armonioso de la cara.

Y también es importante lo que no se ve, pero se sufre: el mal aliento. Las palabras más inteligentes o dulces y el rostro más agradable, pierden todo su encanto si nos envuelve un aliento de pelícano fatigado.

Esto es parte del amor y el respeto que usted se debe a sí mismo. Yo tengo dos dentistas extraordinarios: me dirijo al doctor cuando se trata de cirugía o de ortodoncia, y a la doctora cuando se trata de hacer arreglos estéticos en mi boca. Visitarlos por lo menos cada seis meses, me cuesta una cantidad irrisoria y me garantiza que puedo reírme con libertad y hablar tan cerca como sea necesario sin que se asomen por mi boca los pelícanos o los murciélagos del mal aliento.

Todos podemos tener una sonrisa hermosa. . . y en el peor de los casos, la cara menos armoniosa del mundo, se ilumina y se vuelve bonita con una sonrisa bella y limpia.

Recuerde: se lo debe a sí mismo.

¡ESA SILUETA!

El problema del peso es una de las causas principales de depresión emocional. ¿Cómo podemos ser felices y sonreir cuando sentimos que el pantalón o la falda amenazan con partirnos en dos? Y no es cuestión de comprar una talla más grande, sino de ejercer una buena dosis de amor a nosotros mismos. . . pero bien entendido.

Comer dulces, chocolates y pasteles no es amarnos bien, sino echarnos a perder. Aunque representan el gozo de un instante, se nos quedan toda la vida (o al menos mucho tiempo) en la cintura o en partes más difíciles.

Es muy fácil tomar la decisión de ponerse a dieta. . . ¡Pero sostenerse es otra cosa! El gusto por comer sabroso nos ataca por todas partes: por el olfato nos llega el aroma delicioso del tocino o de los taquitos. Por los ojos, aunque no sea en la mesa, nos entra la visión maravillosa que nos presenta la pantalla casera de un plato de langostinos al ajillo o, aunque sea, de un humilde pastelito envuelto en celofán y hecho por alguna casa comercial, que nos pondera sus atractivos: "Cubierto de regio chocolate y relleno de crema y mermelada" ¿Quién lo resiste?

Se nos insubordinan las glándulas salivales, se nos hace agua la boca, nos arde el estómago, y hasta nos sentimos profundamente desdichados. ¿Para qué luchar tanto si se nos niega hasta la pequeña satisfacción de una empanadita de atún o de una gloriosa concha con chocolate?

Y sólo se trata de un maldito círculo vicioso. Si caémos en tentación consumiendo los antojitos, soportaremos la tortura emocional de que nos apriete la ropa o de vernos reflejados en algún aparador o espejo inoportuno. Ir a comparar ropa se convierte en un acto de masoquismo. De la talla 34, pasamos fácilmente a la 36. . . y a partir de eso. . . todo es cuesta abajo. Engordar es muy fácil: ni siquiera cuesta mucho dinero: es más barato y engorda más un plato de frijolitos refritos que una buena ensalada César.

Pero, una vez más: usted y yo, tenemos la misma constitución ósea que cualquier bello o bella. . . y podemos sacarle el mismo partido. Mírese honestamente en el espejo. ¿Le satisface su silueta,o su camisa parece sonreir porque se le abre de la botonadura? De ser así, ¿le parece una forma correcta de tratar a la persona más importante del mundo? Seguramente, no.

No lo deje para mañana (esas despedidas pre-dieta son terribles: se atasca uno de lo más engordador que encuentra,disculpándose "porque ya mañana me voy a poner a dieta). Hágalo hoy mismo, EN ESTE INSTANTE. No es necesario que en su casa se haga comida especial: en todas las casas, pobres o ricas, hay consomé en polvo, alguna fruta, un trozo de carne para asarse al instante, hojas de lechuga, y muchos elementos más para hacer dieta.

En realidad, excepto por casos de gente enferma, no necesitamos de un médico que nos imponga una dieta: cada uno de nosotros sabe lo que *realmente* le conviene comer y *qué debe evitar* para no seguir esponjándose como globito.

Llegue a su peso ideal y sosténgalo. Su primer instrumento es una antipática pero indispensable báscula de baño. Al principio, la verá como a su peor enemiga, pero acabará siendo su aliada y su consejera. Pésese todos los días y siempre con la misma ropa (o sin ella); la báscula le indicará qué puede comer y qué estará prohibido ese día.

Si esto se ajusta a su carácter, tome una decisión firme, hágase a la idea de que va a estar a dieta *mucho tiempo* y sosténgase. Si por desgracia se parece usted a mí, y le es difícil sostener decisiones a largo plazo, tome su decisión en este mismo instante, y piense que "sólo es por el día de hoy", y al día siguiente, repita la operación. Vaya día por día. A los que tenemos voluntad de gelatina, eso nos funciona bastante bien.

Yo he descubierto que es más fácil bajar la cantidad de comida que se consume por la noche, en la cena, ya que podemos acostarnos de inmediato y olvidar nuestra tristeza gástrica durante el sueño. Por la mañana, podemos aprovechar que el estómago todavía está medio atarantado y desayunar algo ligero y horrendo como huevos tibios y jugo. Para endulzar el café, ya hay buenos substitutos que no saben amargo.

En una ocasión, al descubrir que aún estando a dieta no había logrado bajar el par de kilos que me sobraban, hice la cuenta de las tazas de café que tomaba diariamente y de la azúcar con que lo endulzaba. . . me faltó poco para caer presa de una apoplejía fulminante. Eran cinco tazas diarias de café, con tres cucharaditas de azúcar cada una. Fui poniendo el azúcar en una taza hasta completar las quince. . . ¡Mi dosis diaria de azúcar, sólo en el café, era más de media taza de azúcar pura! Lógicamente, no lograba bajar de peso. Lo conseguí, como por arte de magia, cuando comencé a usar un elducorante artificial.

Hay varios trucos que ayudan a sostenerse en la dieta. Por ejemplo, después de la comida (poco satisfactoria y odiosa) de consomé, bisté asado y hojas de lechuga, se levanta uno de la mesa como si la persiguiera la Contraloría de la Federación para lavarse la boca rápidamente. Es milagrosa la forma en que se apaciguan alma y estómago.

Si desea recurrir a una orientación en cuanto a dietas, le sugiero un libro que las contiene todas, desde la de calorías hasta la de carbohidratos, pasando por los regímenes más exóticos y las dietas más raras. Se titula *"Las Mejores Dietas del Mundo"*, la autora es Ella Gedovius y la publica Editorial Libra, S. A. Es una obra muy completa que reúne, como lo expresa su título, las mejores dietas del mundo. Es seguro que en ella encontrará la que se adapte a sus gustos personales, a su horario y a sus necesidades en cuanto a la velocidad con que desea bajar de peso.

Las recompensas son enormes: cuando haya recuperado su peso ideal, se dará cuenta de que, estando obeso, había perdido buena parte del respeto por sí mismo y de que lo ha recuperado. En vez de evitar verse al espejo, lo procurará. Cualquier prenda de ropa que se ponga, aunque esté usada y vieja, se verá como nueva en esa silueta esbelta. Tendrá nuevos ánimos para realizar muchas actividades y estará de mejor humor. El esfuerzo vale la pena, se lo garantizo. Lo estará usted haciendo por la persona más importante del mundo, por usted mismo, porque se quiere y se respeta. Y eso, para no mencionar los beneficios de salud: las personas obesas están expuestas a muchos riesgos:

La diabetes siempre está cerca de la persona obesa, los problemas circulatorios son el pan nuestro de cada día, sufren deformaciones de la columna vertebral y problemas cardiacos importantes.

No se esconda bajo una montaña de grasa. Usted es una persona preciosa cuyo rostro no debe deformarse por una papada o unos cachetes descomunales. Ni todos los platos de espagueti del mundo, ni la mejor cocina francesa vale más que su salud, su felicidad y su amor por sí mismo. La persona obesa es una suicida emocional.

SUS MANOS:
Imagen de su alma.

Las manos son, después del rostro, la parte más visible de nuestra anatomía: se mueven constantemente ante los ojos de nuestro interlocutor y representan el instrumento más precioso y preciso de la creación: ellas ejecutan las órdenes del cerebro, nos visten, nos dan de comer (en casi todos los sentidos) sirven para acariciar y para defenderse. Son instrumentos de gran nobleza. . . que casi siempre descuidamos.

No hay manos feas. . . hay manos descuidadas que traducen el desorden interior de su propietario (a).

Para que las aprecie un poco más, haga una prueba: durante no menos de una hora, trate de realizar sus actividades usuales sin utilizar PARA NADA las manos, excepto para ir anotando, sobre la marcha, para qué le hicieron falta. Le aseguro que la lista abarcará muchas páginas, aunque sea uste una persona muy sedentaria:

Olvídese hasta de encender un cigarro: no podrá abrir una puerta, cambiarse de ropa, peinarse, cepillarse los dientes, girar un cheque, contar el dinero que hay en su cartera, abrir un cajón, contestar el teléfono, abrir un libro, pasar las hojas, acariciar a sus hijos, conducir su automóvil, encender la radio (excepto si tiene una dentadura maravillosa con la que dar vuelta al botón de encendido y se arriesga a recibir pavoroso toque eléctrico). Si está a punto de caerse, no podrá protegerse del golpe. ¿Verdad que sus manos son indispensables para sobrevivir? ¿Verdad que, aunque sea por interés, merecen un cuidado especial? Y la verdad es que necesitan de poco cuidado para mantenerse jóvenes, aptas y bellas.

Si es usted hombre, córtese las uñas cuidadosamente con un cortauñas, sin dejarlas demasiado al ras. Con un palito de madera de naranjo (los venden en todas las farmacias) afloje y retire la cutícula (no se le ocurra cortarla porque sería tanto como poner una fábrica de padrastros y molestos pellejitos que pueden provocar una infección). Después, póngales un poco de crema especial para ellas.

Las mujeres sabemos cuidar bastante bien de nuestras manos. Yo les aconsejo lo mismo que a los señores: no se corten la cutícula; Simplemente, aflójenla y échenla atrás con el palito de naranjo y ténganlas bien lubricadas. La lima de cartón es un instrumento barato y adecuado para redondear las uñas.

Tanto las manos femeninas como las masculinas requieren de cierto ejercicio especial para conservarse jóvenes y ágiles: escribir a máquina, tocar el piano, o simplmente hacer ejercicios digitales por unos minutos: mueva los dedos como si estuviera tocando el piano o escribiendo a máquina. Puede hacerlo mientras viaja en el autobús, en el supermercado, o en la oficina.

Eso también evitará que se arruguen prematuramente. Sus manos están listas para servirle en lo que usted mande, veinticuatro horas al día. ¿No sería justo dedicarles unos minutos? Serán unas servidoras capaces y agradecidas.

¿COMO ANDA SU GUARDARROPA?

"Como te veo te trato", dice el dicho. Y es verdad. Es parte de la naturaleza humana ver con cierto desprecio, o por lo menos darle poca importancia a la persona que se presenta vestida en forma inadecuada o sucia.

Y no me refiero a potencial económico. Hasta la persona más humilde tiene la posibilidad de vestirse adecuadamente si procura una limpieza absoluta en su ropa y, lo que también es importantísimo: si se viste de acuerdo a su edad y a su sexo.

Es tan desagradable una mujer con corbata y sombrero, como un señor de cuya oreja cuelga un arete. Estoy de acuerdo con los pantalones femeninos: son cómodos, maravillosos. Es más, mi guardarropa está integrado por pantalones en más de un sesenta por ciento. Pero no es bueno perder de vista que los pantalones son prendas originalmente masculinas y que para contrarrestar eso, es indispensable acompañarlos con detalles femeninos como una cadenita en el cuello, aretes, una flor en el *blazer,* una pulsera finita o una pañoleta de colores vivos y contrastantes.

No se necesita mucho dinero para tener un guardarropa decente. Si elegimos faldas o pantalones de colores básicos y combinables (café, azul marino, gris, beige, negro), podemos combinarlos con suéteres o blusas claras, lisas o estampadas... y vernos bien en cualquier situación.

Hay que tener mucho cuidado con los zapatos: ojo con los tacones raspados o gastados y con el lustre. La pobreza no está reñida con el aseo.

Los perfumes son tan peligrosos como las pieles: si no son muy finos, vale más no usarlos y substituirlos por una colonia sencilla, floral, que debe aplicarse en pocas cantidades: la mejor forma de pescar una jaqueca, es estar en la misma oficina con una mujer o un hombre escandalosamente perfumados.

Revise su ropa con cuidado: ponga los botones que falten, revise el cuello de las blusas, y si quiere que tengan un perfume suave y agradable, incluya en su closet o ropero una o dos pastillas de jabón perfumado (sin envoltura).

Si cuida de su ropa y su presentación, verá en qué forma tan rápida y extraña aumenta su seguridad en sí mismo y la aceptación que le brindan los que le rodean.

USTED. . . ¡LO MAS MARAVILLOSO QUE EXISTE EN EL MUNDO!

USTED ES. . . ¡LO MAS MARAVILLOSO QUE EXISTE EN EL MUNDO!

En su interior está escondido el genio más fabuloso que haya dado la humanidad. . . usted puede liberarlo en el instante en que lo desee. En su interior se esconde lo que usted quiera: la persona más rica, entusiasta, bondadosa y bella, o el monstruo más espantoso que registra la historia. Todo depende de usted.

En todos nosotros hay impulsos negativos. . . pero está en nuestra mano no sólo dominarlos, sino transformarlos en obras de bondad y alegría. Stalin, con sus espantosas masacres, era un hombre idéntico a cualquiera de los que circulan por las calles. . . sólo que tuvo la fuerza de carácter para impulsarse hasta la cima de uno de los dos países más poderosos del mundo. . . pero abonó y utilizó todos sus rasgos negativos y sus impulsos bestiales hasta convertirse en uno de los asesinos y genocidas más despiadados de la historia.

Nosotros tenemos ese mismo poder oculto y podemos utilizarlo, para el bien, tan pronto como lo hayamos decidido. Hay que empezar con algo muy sencillo: UNA SONRISA, una sonrisa que primero debe ser interior para que, al brotar hasta los labios, sea real y logre cosas mágicas. Haga hoy mismo la prueba. Sonríase a sí mismo, sonría a los demás y los demás comenzarán a sonreírle. . . Es una cadena. Por favor, inténtelo. Sonría al compañero automovilista que le echó el coche encima. . . levante las manos en actitud de defensa y ría. En vez de seguirlo a toda velocidad para recetarle un recordatorio familiar, sonría. . . a ese automovilista le dará pena, difícilmente volverá a hacerlo y es muy probable que la próxima vez que alguien le haga lo mismo a él, sonría y siga adelante con la cadena que usted inició.

Aún sin proponérselo, usted ha avanzado hacia la perfección. ¡Imagínese lo que podría lograr si se ayudase un poco. Para comprobar lo anterior:

*Haga una lista de todo lo que no podía soportar el año pasado y compárela con lo que ya aprendió a tolerar. En muchos casos, hasta habrá aprendido a disfrutar lo que antes le chocaba.

*Mire hacia el pasado: ¿Verdad que muchos hechos que en principio conceptuó como verdaderas catástrofes han tomado su lugar y su proporción adecuada? Sólo una persona tan maravillosa como usted podría haberlo conseguido.

*A diferencia de años anteriores, usted observa el comportamiento de algunas personas y vé reflejada su conducta del pasado. Pero ahora, esa conducta le sorprende. . . por inmadura. Y le cuesta trabajo aceptar que, en el pasado, usted adoptó la misma actitud que ahora reprueba en esas personas.

*Sus relaciones familiares, amistosas y de trabajo, son más cordiales, menos tormentosas y más serenas que hace cinco años. Le apostaría lo que quiera.

Haga un rápido autoanálisis del presente, y compárelo con su conducta y sus sentimientos de hace entre tres y cinco años. No podrá menos que admirar a esa persona tan avanzada que es usted. Piense que, si se ayuda un poco, el adelanto para los próximos cinco años será MIL VECES MAYOR, y que todo irá encaminado a su propia felicidad y la de sus seres queridos.

Ken Keyes, el psicólogo norteamericano, proporciona algunas pautas simples pero funcionales para alcanzar la felicidad. Entre ellas:

"¡Hable! ¡Diga qué quiere!" Con demasiada frecuencia, nos resentimos injustamente por la actitud de otras personas que están ajenas a nuestros deseos o necesidades. Parecemos esperar que se nos adivine el pensamiento y, cuando no es así, nos enfurruñamos. Como decimos los mexicanos: Al que no habla, Dios no lo oye.

Y muchos de nosotros esperamos que cualquier pobre mortal que ignora qué queremos, adivine y nos conceda uno o varios deseos. La queja es común:

"Es que el jefe debería darse cuenta de lo bien que hago mi trabajo y aumentarme el sueldo. . . "

(El jefe en cuestión, está encantado con el funcionamiento del quejoso, y la verdad es que piensa aumentarle el sueldo o darle una compensación navideña. Pero la "víctima" no le dá oportunidad. Un buen día, le avisa al jefe que está a punto de convertirse en ex-jefe porque el "incomprendido" consiguió otro empleo.

Si hubiera hablado a tiempo, quizás el jefe le hubiera comentado su intención de premiarlo y sus posibilidades de avance en la compañía. . . Pero el quejoso se limitó a enfurruñarse, a masticar su resentimiento y a darle la espalda al asunto.

Quizás el jefe habría dicho que, de momento, era imposible aumentarle el sueldo, pero que estaba estudiándolo y que en la primera oportunidad, sabría reconocer sus esfuerzos.

Pero la "víctima" esperó (absurdamente) que el jefe le leyera el pensamiento.

Muchas veces nos detiene el temor de una negativa. Pero, nuevamente, como decimos los mexicanos, "No hay peor lucha que la que no se hace". Si usted no pide, si calla, usted mismo se está dando la respuesta negativa, el NO anticipado.

El caso es igual en las relaciones personales. Si hay algo en la actitud de sus amigos, su esposo (a), su cuñada, etc. que le moleste, o si espera de ellos algo que no han hecho y que piensa que es justo que hicieran, ¡HABLE! Dígalo cordialmente, eligiendo el momento y las palabras justas. Los resultados le sorprenderán. En caso de que la respuesta sea negativa, nada se perdió, puesto que antes de que usted hablara, su mismo silencio representaba una respuesta negativa.

Ahora ya sabrá a qué atenerse y, sobre todo, ya no estará molesto consigo mismo por no haber hablado. Ese silencio no era otra cosa que un ejercicio de martirio, de automartirio. . . y los automártires no son ni felices ni agradables.

Cuando le sugiero que hable, de ninguna manera pienso en gritos y sombrerazos, ni en que le dispare usted a la persona "ofensora" una andanada de sentimientos reprimidos y de rencores: tenga presente que esa persona no le podía adivinar el pensamiento.

Convertirse en una ostra muda y congelar la relación es lo más negativo que puede hacer. Hable, hable por favor y pida lo que desea, clara y específicamente, sin jueguitos neuróticos y sugerencias mudas.

Hable en forma sencilla y lo más pronto posible para evitar la reacción de "estallido de olla express" que ocurre cuando ha estado reuniendo a solas, por su cuenta, vapor y resentimiento.

No exija airadamente: limítese a exponer su deseo. No desempeñe el papelón de "pobrecito (a) de mí", ni pronuncie esa frase odiosa de "si deveras me quisieras. . ."

Deje de auto-despreciarse dando por hecho, anticipadamente, que las personas no quieren darle lo que usted merece, desea o cree merecer. Hable suavemente, sin frases de doble sentido.

En el caso de que no lo obtenga, aplique de inmediato su energía creativa a buscar y lograr otra meta. No siempre se gana, pero la felicidad no está sólo en la victoria: también está en perder con gracia.

El arte de la felicidad estriba, en gran parte, en aprender a estar con uno mismo y a disfrutarlo, y a saber jugar y trabajar con los personajes que rodean nuestra vida, sin convertir los escollos y las dificultades en catástrofes de telecomedia barata.

Tenga presente que la mayor parte del dolor que sentimos se origina en nuestra propia mente, en que construimos ofensas donde ni siquiera hubo intención de ofendernos. Es necesario alcanzar la aceptación emocional.

Es absurdo que usted se convierta en su peor enemigo: que se atormente cuando todos duermen con pensamientos atroces, con culpas y con problemas que NO VA A RESOLVER LA ALMOHADA.

Disfrute lo que tiene HOY. . . haga un inventario y verá que es usted la persona más rica del mundo. Mire a su alrededor: sus cuadros favoritos, los muros amados de su casita, su esposa (o), los hijos, los compañeros de oficina, la señora que le sonríe en el supermercado. Sus piernas ágiles y sus manos aptas. DEJE DE PREOCUPARSE POR LO QUE NO TIENE Y DISFRUTE LO QUE TIENE.

La felicidad no debe condicionarse a lo que no se tiene, trátese de un auto nuevo o de una casa propia. La felicidad es lo que tenemos ahora. . . Nada es tan terrible como volver la cara atrás y darnos cuenta de que teníamos *todo* y no supimos valorarlo.

Deje de atormentarse y acepte las cosas tal como están. . . al menos "por ahora". Le sorprenderá cómo se van resolviendo, poco a poco, sin necesidad de que usted se acabe la vida por ellas.

NO hay nada que valga una noche de insomnio, por lo menos en el aspecto material: si no le alcanza el dinero para cubrir su presupuesto de esta quincena, ¿lo remediará desvelándose? Lo único que puede conseguir de esa manera es que tampoco le alcance la quincena próxima para los honorarios médicos le van a desequilibrar. Y nadie le repondrá el sueño ni la felicidad perdida.

La angustia deja cicatrices y propensión a recaídas: no le dé entrada. Nunca nadie ha triunfado en nada gracias a su angustia.

De momento, sólo cuenta usted con "este momento". NO lo eche a perder. ¿Quién le garantiza que no son los últimos momentos de su vida? Aunque sea muy joven, nadie está exento de resbalarse en el baño y desnucarse. Si así fuera, y desde el otro mundo pudiera usted contemplar a qué dedicó los últimos momentos de su vida. ¿Pensaría que estuvieron bien empleados o que los había desperdiciado lamentablemente y que ya no se podría remediar nada?

Si no puede cambiar algunas cosas de su vida, aprenda a vivir con ellas sin pagar el precio elevado e inútil de la tortura mental. Piense que en este mismo instante, dentro de esos hospitales ante los que usted pasa indiferente, hay cientos de personas llenas de dolor, piense que muchas de ellas no saldrán de ahí con vida. Piense en los desahuciados, en que algunos de ellos son ricos en dinero y en que darían hasta el último centavo por lograr una semana o unas horas más de vida.

¿Y usted? Usted lo tiene todo. Su familia está completa, es usted libre de tomar el sol, de abordar el metro, de sentarse en un parque, de todo lo que quiera. ¿No es usted la persona más rica del mundo?

Enfréntese con la verdad: JAMAS LOGRARA USTED SATISFACER SU MODELO MENTAL DE "PERFECCION" (trátese de dinero, propiedades, romances, aptitud física, etc.) Su vida, de acuerdo con esos modelos de "perfección", jamás ha sido "perfecta". Pero de nada sirve que se obligue a ser desdichado. En todo caso, procure cambiar lo que no le gusta y aprenda a vivir con lo que no pueda cambiar.

Mire al pasado por unos momentos y recuerde las ocasiones en que ha estado más angustiado, más furioso. . . ¿Sirvió para algo toda esa angustia, todo ese furor? ¿Toda la dosis de celos, preocupación y resentimiento sirvió para remediar sus problemas? No, le garantizo que no. Habría sido mil veces mejor aceptar la situación, amarse un poco más a sí mismo y no haberse hecho tan infeliz. . . sin objeto.

Quizas el mundo no haya hecho muchas cosas buenas por usted. Pero usted puede hacer cosas buenas por sí mismo: La primera de ella es quererse. . . las demás vienen solas. Yo no pretendo que piense que está bien y correcto lo que usted siente que está mal y que es incorrecto: Sólo quiero que prescinda de hacerse desdichado, que se ajuste emocionalmente sin volverse ciego hacia todas las cosas felices que le rodean.

Recuerde en todo momento que el amor es la clave de todo: cuando usted ama a alguien, ese amor lo pone en contacto con una parte de sí mismo que usted ama profundamente y cuando, por el contrario, usted rechaza a alguien, lo que rechaza es algo que aborrece en usted mismo.

La habilidad para amar no es sencilla: muchas personas piensan que si aman a alguien, también deben amar todo lo que el ser amado hace o dice, que amar es no poder decir que NO. Pero amar a una persona no necesariamente significa amar todos sus actos.

Hay que querer a la gente como "en paquete de oferta", con sus defectos y sus cualidades, sin hacerse pedazos por cambiarla, sin imponer condiciones al amor. Lo que mejor describe al amor ajeno es esa frase de TE AMO SOLO PORQUE ERES TU.

En el amor no se llevan libros de contabilidad, ni con uno mismo ni con los demás: el amor existe porque existe y por ese solo hecho debemos sentirnos felices. La capacidad de amar es el don más grande que Dios nos dió. . . no la capacidad para ser amados, que es diferente.

El verbo es amar. . . no ser amado, aunque eso sea lo ideal.

A todo lo largo de esta obra hemos hablado de amor a sí mismo y amor hacia los demás. . . porque es esa la clave de la felicidad y de las cosas buenas de la vida.

Pero no es suficiente amar a otra persona: es importante demostrar el sentimiento y hacerlo florecer. Si usted ama a alguien:

Abrácelo con más frecuencia.

Tómelo de la mano.

Escúchelo con absoluta atención, con interés real, sin interrupciones.

Repítale que lo ama.

Comparta sus sentimientos

Ocasionalmente, háblele por teléfono sin más objeto que recordarle cuánto le quiere.

Póngase en su lugar, tanto con su mente como con su corazón.

Usted mismo puede diseñar otras mil formas distintas de demostrarle que su amor está vivo, que no se ha momificado. Hágalo.

El amor de las personas es complejo y no se conserva con facilidad. Es muy diferente al amor de nuestro perro, que nos quiere de manera incondicional, que nos sigue y mueve la colita aunque no le hayamos dado de comer a tiempo, aunque no hagamos esfuerzo alguno por comprenderlo.

Sólo le pido algo más: Tenga presente que usted es maravilloso, que es digno de ser querido y que nada le hará tan feliz como amarse a sí mismo y amar a los demás. Amará a la vida y la vida le devolverá su afecto con creces. El amor es la potencia más grande del universo, lo que todo lo puede, el primer valor del hombre y el padre de todos los sentimientos buenos: la caridad, la generosidad y la comprensión.

LA FLEXIBILIDAD:
SINONIMO DE ALEGRIA Y MADUREZ

LA FLEXIBILIDAD:
SINONIMO DE ALEGRIA Y MADUREZ

LA FLEXIBILIDAD: Sinónimo de Alegría y Madurez.

Olvidemos aquello de "¡Yo me muero en la raya...!" los resultados son maravillosos.

Alguien me contó una parábola oriental que me produjo un gran impacto y me permito transmitirla:

A la orilla de un lago se levantaba un árbol milenario, cuyo tronco era tan grueso que no alcanzaban a rodearlo menos de cinco personas tomadas de la mano y haciendo un círculo a su alrededor. Entre sus ramas había muchos nidos de pájaros cantantes.

Cerca del roble, crecía un junco que estaba feliz por la cercanía del árbol enorme que, ocasionalmente, se dignaba dirigirle la palabra regalándole algo de su sabiduría. El roble era verdaderamente sabio en muchos aspectos... tenía más de trescientos años de vida y, aunque no era muy inteligente, había captado bastante. Tenía, sin embargo, el enorme defecto de la soberbia y el impulso invariable del desafío. Pensaba que por su enorme tamaño, nada podía vencerlo. Los leñadores lo respetaban mucho y jamás se atreverían a hundir sus hachas en el tronco gigantesco.

El junco era muy respetuoso y todas las mañanas saludaba al roble con la esperanza de que, además de devolverle el saludo, le dijera algo importante que le ayudase a entender al mundo y a ser un poco menos ignorante.

— Buenos días, maestro. Espero que este día el sol caliente suavemente tus ramas.

—Buenos días, pequeño. Hoy tu lección será corta: Recuerda siempre que jamás debes doblegarte y que tu voluntad ha de prevalecer por encima de todo.

—¿Y si se trata de circunstancias o de seres más fuertes que yo? ¿Qué debo hacer maestro?

— ¡Si no entendiste, peor para tí!

No terminaba de hablar el altivo roble, cuando comenzó a soplar el viento. Molesto por la brusquedad del gran árbol y siendo un clásico adolescente lleno de rebeldía cuando no estaba de acuerdo, el junco se acostó bajo el viento cálido y suave.

Poco después, el viento arreció hasta convertirse en un huracán tan pavoroso que nadie recordaba uno similar. Por suerte para el junco, cuando el viento arreció, el ya estaba recostado entre las hierbas altas de la orilla.

La tormenta rugió por muchas horas, dejando desolación y muerte a su paso. Cuando el sol brilló de nuevo, el junco comenzó a levantarse poco a poco y, con gran sorpresa, descubrió que el enorme roble estaba tirado sobre la hierba, roto y vacío de pájaros.

Esa fue la mejor lección que el junco recibió en su larga vida, y aún cuando llegó a la edad adulta, practicó a diario la flexibilidad y vivió muchos años, suficientes como para enseñar esa virtud a todos sus retoños.

En los seres humanos, esa virtud accidental del junco, es parte de la madurez, parte del don de adaptarse al medio en que nos desarrollamos y de llevar buenas relaciones con nosotros mismos y con los demás.

Las personas sufrimos intensamente cuando no tenemos la gracia para inclinarnos ante las circunstancias que no podemos combatir.

Esto no significa que debamos inclinarnos ante cualquier presión, ni evitar los obstáculos. Se refiere, simplemente, al hecho de que es necesario reconocer que si bien nuestras fuerzas para luchar son limitadas, tenemos una fuerza mayor: La de adaptarnos a nuevas circunstancias de la vida sin que por ello perdamos la dicha y el equilibrio emocional.

Mercedes y yo no volvimos a vernos desde que terminamos la preparatoria. Diez años después, el Comité de exalumnas organizó un desayuno y la mayoría de nosotras acudió a la reunión.

Mercedes seguía tan bella como antes, pero aquella cara ostentaba demasiadas arrugas para una mujer que apenas cumpliría treinta años. Los hoyuelos que antes agraciaban su cara, se habían convertido en arrugas adicionales.

Aunque nunca fuimos amigas íntimas, guardaba buenos recuerdos de Mercedes, y fui a sentarme junto a ella. Como quien está a punto de explotar por la presión interna, Meche comenzó a hablar sin detenerse ni siquiera para comer un bocado.

—¿Supiste que me casé?
—Si... aunque no pude asistir a tu boda porque...
—Bueno, no importa ya que mi matrimonio esta por terminar. Esta misma tarde, veré al abogado para que entable la demanda de divorcio.

—¿Estás segura de...?

—¡Claro que estoy segura! ¡Me casé tan ilusionada, tan segura de que podría cambiarlo!

Error número uno, querida Meche: LAS PERSONAS NO CAMBIAMOS, si acaso, APRENDEMOS A FINGIR PARA EVITAR DISGUSTOS.

—Y casi cinco años más tarde, sigue con los mismos errores. ¡Ya no lo soporto!

—¿Y sus errores son graves?

—¡Por supuesto! ¿Nunca te han dejado plantada para ir a una cena o parada en una esquina? ¡Pues Jorge lo hace constantemente!

—Ahhh...

—Ese "ahhh" sonó a que te parece poco . . . y es poco, excepto cuando eres tú quien lo sufre. Además, ofrece llegar a casa a cierta hora y llega tres horas después. Y ni te creas que eso es lo único. ¿Sabes que no logro ni que deposite su ropa sucia en el canasto del baño? Tengo que andar detrás de él como si fuera un niño, recogiendo sus calcetines y sus camisas. . .

¿Y tu eres Doña Perfecta, mi querida Meche?

Como si me hubiera oído, Meche me interceptó: —Ya ves que en mi casa, la puntualidad era sagrada.

—Pero ya no vives en tu casa paterna.

—¿Quieres decir que ser puntual es un error?

—No, pero si me permites darte mi punto de vista. . .

—Adelante, aunque es inútil. ¿Sabes que los domingos, que son los únicos días en que estamos solos y juntos, Jorge se dedica a leer y a ver el futbol?

—Bueno, pues yo tengo uno similar en casa. El asunto se resolvió con bastante facilidad poniendo un cesto lindo en la recámara, para que no tengamos que ir al baño a dejar la ropa sucia.

—¿Y por qué cediste tan a lo tonto?

—Porque no hacíamos otra cosa que pelear y porque él cedió ante mis faltas de puntualidad, que yo sigo tratando de superar.

—¡Tu tratas de superar tu defecto, pero Jorge es un idiota que ni siquiera lo intenta!

¡Mal negocio, Mechitas! El hombre al que en su casa le transmiten el mensaje de "eres un idiota", busca otra casa donde le hagan sentir si no genio, por lo menos inteligente y apreciado.

—¿Sabes que cuando está enfermo yo lo atiendo como la mejor de las enfermeras y que en cambio él, cuando soy yo quien no se siente bien parece que tiene prisa por huir de casa y no me atiende para nada?

—¿Y por qué no te quedaste a vivir con mamá, Mechitas? Sólo ella estaría pendiente de tu temperatura y tus antibióticos. No conozco a ningún hombre con alma de enfermera. A todos les aterra la enfermedad y ninguno tolera que no se le atienda aunque sólo tenga catarro. Somos seres distintos.

De pronto, Meche se levantó como si la hubiera picado un alacrán y se volvió enfurecida contra mi:

– ¡Eres una tonta! ¡Adios!

Quizás Meche lo piense de verdad. Pero yo estoy convencida de que ella está lanzando su matrimonio por un voladero... si es que los mencionados son los únicos "defectos" graves de su esposo.

La vida en sociedad no es sencilla si tenemos la espina dorsal de una sola pieza. Estamos sabiamente articulados para que nuestro cuerpo sea flexible... y de nosotros depende la flexibilidad de nuestras emociones.

En cierta forma, ser flexible es ser comprensiva, y ser comprensiva es ser flexible. Si pensamos maduramente, hay que reconocer que también los demás requieren de cierta flexibilidad para contender con nosotros sin ocasionar estallidos.

Luchar porque el mundo nos quede a la medida, como un guante, es absurdo y echa a perder cualquier relación, trátese de amor, de amistad o de trabajo. Nadie es igual a nadie y si nos faltara por completo la virtud de adaptarnos, ya nos habríamos asesinado unos a otros.

Aún los hijos, a los que educamos a nuestra manera, resultan diferentes a nosotros en muchos aspectos. Y aún entre hermanos, educados igual, hijos de los mismos padres, hay diferencias importantísimas.

¿Cómo podemos esperar cuerdamente que el mundo gire hacia donde se nos dá la gana y, si no es así, lanzarnos contra él con toda la fuerza y la rabia? Estoy dando por descontado que toda la vida es lucha... pero es lucha y esfuerzo por mejorar nosotros mismos, por vencer las dificultades que se nos presentan y por adaptarnos a las derrotas que eventualmente sufrimos cuando los obstáculos son irresolubles.

Me viene a la memoria el recuerdo de dos vecinas que al ir de viaje con sus padres, sufrieron un accidente atroz. El doctor y su esposa, que iba conduciendo, murieron en el acto, mientras que las dos hermanas quedaron muy mal heridas.

Ambas sufrieron fracturas múltiples en la columna vertebral y a pesar del esfuerzo de los médicos, las dos chicas quedaron paralíticas.

Cuando salieron del hospital varios meses y operaciones más tarde, se fueron a vivir con sus abuelos.

Marcela, la menor, le daba ánimos a Carmela, que cada día se hundía más en una profunda depresión, a pesar de que por algún milagro, conservaba el movimiento de su mano derecha, a diferencia de su hermana menor que sólo movía la cabeza.

Marcela solicitó a sus abuelos un equipo de pintura y unos lienzos. Tal como alguna vez lo vió en la televisión, tomó entre los dientes el pincel y comenzó a pintar.

Al principio, todo lo que conseguía era trazar manchas confusas, pero conforme transcurría el tiempo, fueron apareciendo en los lienzos flores hermosas y hasta figuras humanas.

Carmela la miraba con reprobación y hasta se burlaba de ella con amargura:

—¿Y qué harás cuando se te caigan los dientes de tanto detener los pinceles?

—Pues conoceré a un dentista muy guapo y me hará una dentadura postiza con perforaciones especiales para los distintos gruesos de mis pinceles. ¿No quieres ayudarme a pintar?

—No —y volviendo la cara a la pared, caía en un sueño amargo y lleno de pesadillas.

Unos años después, Marcela era recibida en una de las galerías más importantes de la ciudad. Al principio, tuvo miedo de que la hubieran aceptado como a un fenómeno, pero cuando la galería comenzó a solicitarle más pinturas, la chica se dió cuenta de que realmente tenía talento y siguió pintando cada vez con mayor entusiasmo.

Mientras tanto, su hermana había perdido por completo el interés en la vida: Carmela ya no permitía ni que la levantaran de la cama para ponerla en la silla de ruedas. Su mano derecha estaba inmóvil por la falta de ejercicio y su espalda, llena de llagas por su prolongada permanencia en cama, la hacía gemir de dolor. Finalmente, Carmela murió a consecuencia de una complicación pulmonar.

Carmela no pudo adaptarse a su nueva situación y se dejo llevar por la amargura, rígida como el roble de la parábola oriental.

En cambio Marcela, resurgió de la desdicha y aunque como ella decía echando mano de su gran sentido del humor, "jamás seré campeona de tenis", siguió disfrutando de la vida y al cerrársele una puerta, flexible y fuerte a la vez, abrió otra que estaba a su alcance.

Cerramos este capítulo con una consideración menos poética que la del roble y el junco. Como dicen los chinos:

"Vive más la lengua, por flexible, que los dientes por duros",

¿Alguien podría dudarlo?

Esta edición, que consta de 3000 ejemplares, más sobrantes para reposición, se terminó de imprimir el día 2 de Julio de 1993 en los talleres de Editorial Libra, S. A. de C. V.